现代档案管理基础与科学方法的应用

王士娇　王　敏　王美伦◎著

中国书籍出版社
China Book Press

图书在版编目（CIP）数据

现代档案管理基础与科学方法的应用 / 王士娇，王敏，王美伦著. -- 北京 ：中国书籍出版社，2024.6
ISBN 978-7-5068-9895-9

Ⅰ. ①现… Ⅱ. ①王… ②王… ③王… Ⅲ. ①档案管理—研究 Ⅳ. ①G271

中国国家版本馆 CIP 数据核字(2024)第 107600 号

现代档案管理基础与科学方法的应用

王士娇　王　敏　王美伦　著

图书策划	邹　浩
责任编辑	李　新
责任印制	孙马飞　马　芝
封面设计	博建时代
出版发行	中国书籍出版社
地　　址	北京市丰台区三路居路 97 号（邮编：100073）
电　　话	(010) 52257143（总编室）　(010) 52257140（发行部）
电子邮箱	eo@chinabp.com.cn
经　　销	全国新华书店
印　　厂	晟德(天津)印刷有限公司
开　　本	710毫米 × 1000毫米　1/16
印　　张	13.25
字　　数	249千字
版　　次	2025 年 1 月第 1 版
印　　次	2025 年 1 月第 1 次印刷
书　　号	ISBN 978-7-5068-9895-9
定　　价	78.00元

前　言

作为研究现代管理中现象和规律的新型科学，现代管理科学是过去管理理论和现代科学方法与技术的有机综合，在当今社会的许多领域和学科都有涉及和体现，具有高度的综合性。档案工作的现代化是社会发展的必然趋势，也是时代发展的具体要求。在档案工作中应用现代管理科学方法，加快档案管理工作的改革，可以使其更加适应当今社会发展的需求，极大地改进档案管理工作，对我国档案信息管理工作有着十分积极的推动作用。

档案工作的现代化是以现代管理科学为指导，应用现代化的管理方法和手段，充分运用先进的科学技术和设备，对档案管理的传统方法和形式进行改革，积极采用先进的管理技术与设备，提升档案管理水平，实行系统、全面的管理，重视人的因素，充分发挥档案管理人员的主动性、积极性和创造性，使档案工作逐步实行系统化、定量化、信息化、智力化。以取得档案管理总目标的最佳效果。加强档案管理现代化问题的研究和探索，加快档案管理现代化的进程，现已成为各级档案部门面临的现实而紧迫的重要任务，也是档案事业适应时代和社会发展的必然选择，是提高档案信息服务水平的必由之路。这就需要在档案工作中树立先进的管理思想，学习科学的管理理论，继而采用与之相应的组织机构、组织行为、管理方法和手段，以达到预期目的。

本书从档案管理的概念介绍入手，针对档案管理工作的主要内容、专门档案管理、电子文件管理及纸质档案的数字化进行了分析研究；另外对档案信息化管理的创新模式、基于大数据环境下创新型档案管理做了一定的介绍；还对现代管理科学方法在档案工作中的应用做了研究。

本书论述力求系统和翔实，但鉴于作者能力有限，书中内容难免存在不足之处，望广大读者批评指正。

目录

第一章　档案管理的概念

第一节　档案管理中的管理维度

管理维度是在对管理活动要素类型进行剖析的基础上，对管理活动空间范围和视角方位的具备程度、判断条件和评价标准的表示，是对管理活动赖以存在的内外条件予以描述、判定和评价的概念集合与范畴框架。因而，管理维度的分析与勾勒可以说是研究探讨管理活动的出发点和立足点，也是具有指导性和方向性的工具方法。从管理内容、管理资源和管理方式三个维度对管理活动重新予以解构和勾勒，并将档案管理理论研究置于其中分维度进行考察，不仅对于验证档案学的管理学科属性、确定档案管理理论研究在管理学科体系中的地位有着重要意义，也有助于整个管理学研究视域和方法的创新及拓展。

一、管理维度的定义

维度，又称维数，英文一般翻译为 dimension（可理解为维度、方面），拉丁语为 dimensio。维度在数学中表示独立参数的数目；在物理学中指独立时空坐标的数目；而在哲学等领域内，维度表示具有共同特征的一些事物所构成的特定区域，此时的维度是指一种视角，而不是一个固定的数字，是一个判断、说明、评价和确定一个事物的多方位、多角度、多层次的条件和概念。

所谓管理维度，是在对管理活动要素类型进行剖析的基础上，对管理活动空间范围和视角方位的具备程度、判断条件和评价标准的表示，即对管理活动赖以存在的内外条件予以描述、判定和评价的概念集合。对管理维度进行描绘与构架时，一般要从两个以上具有互斥性的视角予以划分和考察，所以管理活动包含于管理内容、管理资源和管理方式三个主要维度之中。

二、管理维度分析的背景与意义

人类社会产生伊始，出于生存和发展的需要，在人们的集体协同作业中，各类自发的或自觉的管理活动应运而生，与此同时，管理思想也开始萌芽和发展；19 世纪末 20 世纪初，随着工业化大生产程度的显著提高和社会经济活动的日益繁荣，管理愈发得到重视，对管理活动的研究遂成体系并得以蓬勃发展，直至如今仍方兴未艾。而正是这些丰富的管理思想和丰硕的研究成果，为本书对管理维度的分析和探讨奠定了基础。

虽然对管理活动的系统研究始于 20 世纪初期，但管理思想的起源却可上溯到几千年前，国外古代管理思想萌芽可见于古埃及、古巴比伦、古希腊和古罗马的史籍和文献。目前世界上发现的关于管理思想的最早书面记载，是五千年前西亚美索不达米亚的苏美尔人留下的。

古巴比伦王国的《汉谟拉比法典》，涉及有关工资、交易、奖励、责任及会计等管理问题；从中国管理思想的历史轨迹来看，中国古代管理思想产生于先秦时期，最早的管理思想在《尚书》《周易》中就有所反映，系统的管理思想在战国时期就开始出现和形成，这些思想揭示了人类管理具有一些必然性和根本性的因素，具有包容性、人本性、系统性、创新性、柔和性、服务性等特点，具有极强的生命力和永恒的价值。

和其他现代社会科学研究一样，真正系统的管理研究是受到自然科学的启迪和影响的。一般认为，管理学科的创建是以弗雷德里克·温斯洛·泰勒（Frederick Winslow Taylor）的科学管理为标志。泰勒以提高劳动生产率为目标，通过工时和动作研究，制定出有科学依据的工人合理工作量和合理化的操作方法，将劳动和休息时间、工具和作业环境更好地协调起来。

三、管理维度分析对于档案管理理论研究的意义

维度分析能引发对管理学研究视角、方法和理论框架的重新认识和探讨，增强管理学理论的拓展性和开放性，那么，管理维度分析对隶属其中的档案管理理论研究自然也能产生诸多作用和启示，最重要的是，有助于确认和论证档案学的

管理类学科属性，有利于提升档案管理理论研究在管理学科群中的地位和影响，并能为有中国本土特色的档案管理理论研究探索一个原创性的突破口，具体有着以下三方面功能。

（一）以管理多维度论证档案管理学的属性和定位

档案学的管理学科属性并非一直以来就为人们所明确和关注，在中国档案管理理论研究史上，就一度将其归属于历史学的辅助学科，（档案学）“为历史研究提供素材”乃至从整体上“为历史研究服务”，并不是中国档案学基本学科结构所体现的功能，而是其学科“衍生结构”的一种价值取向。

档案学是一门管理性质的科学，认为这是由档案工作实践与历史发展所决定的，是档案事业建设的客观需要，也为中外档案管理理论研究实际与内容所证明的。他还指出，明确档案学的管理学科性质对档案学的建设和发展具有方向性、战略性意义，是评估过去、展望未来的基点和准绳。

中国档案学与这三个核心思想是息息相关的，因而其管理学科性质已得到了学界的普遍认同。此外，还分析得出中国档案学不仅具有一般管理类学科的特征，还有着自身特有的价值取向、社会功能和发展规律。

以上都从某一侧面和单一维度对档案学的管理学科属性予以认知和论述，而通过管理维度分析，将档案管理理论研究置身于管理活动的三维结构中，不仅可以更好发掘档案管理理论研究在每个管理维度都有所建树，还可论证档案管理理论研究在管理资源和管理方式两个维度上能够大有作为，有着其他管理类学科所不具备的优势。

（二）档案管理理论研究对管理实践的作用与意义

档案学既是一门管理性质的科学，也是一门应用学科，来源于实践，也必将回归实践。许多学者认为，现在的档案管理理论研究似乎离档案工作实际越来越远，陈永生曾指出，档案管理理论研究主要存在对档案工作现实问题的研究少、对现实问题的非现实化研究多、理论观点移植中的生搬硬套等问题；而张晓在分析档案管理理论研究中的理论脱离实践现象时，更是十分尖锐地指出，一则看到档案的地方看不到学科，二则看到学科的地方看不到档案。前者是指由于档案学是一门应用性较强的学科，研究人员如同处理实际问题那样对待档案学理论，常以随感形式做研究，长于罗列问题和现象，导致有学者指出这种状态的档案学是“实用经验体系”；后者是指惯于跟风生产出大量的时兴之作，或从其他学科引进技术、公式或原理，与专业实际和工作实践缺乏必要的结合，理论根基匮乏，学科内在研究重点和方向不明，忽视档案专业自身的理论创新发展和知识积累，实践指导性不强。

基于管理维度分析去认识和考察中国档案管理理论研究，不仅能引发对档案管理活动的重新认识和把握，既有助于理解和深度挖掘档案信息资源，又能凸显其对管理的保障作用，有利于减少或避免管理资源重复建设，一定程度上改变对管理资源的浪费或漠视现象，从本源上促进管理资源的最优配置；更能凸显档案管理理论研究在社会和机构管理各个维度中的作用与功能，如对管理活动中文件方式的全面分析和梳理，有助于管理方式的规范与创新，为解决当前诸多社会管理问题提供新的思路和方法，具有实践意义和现实价值。

（三）档案管理学的研究空间和方法要拓展与创新

经过多年的发展，我国档案管理理论研究已经取得比较大的成绩，但也存在着诸多不足。我国档案管理理论研究整体上开放不够，社会认可度不高，没有抽象出具有中国特色的档案学理论。此外，精品著作少，学术监督缺失，规范性不够，研究成果的低水平重复，标题、内容雷同的论文比比皆是。这些都导致我国档案学理论研究在国际上基本没有话语权，完全陷于西方语境。

在管理维度分析的基础上，对档案管理理论研究予以重新审视和梳理，不仅有助于拓展档案学的研究内容，创新其研究方法，还有利于认识和理解档案管理理论研究在管理内容维度上的基础性功能，发掘档案管理理论研究在管理资源建设和保障上的特有优势，同时将文件方式定位为通用的基础性管理方式，还能有效提升档案学在管理科学体系中的地位和影响。

第二节　档案管理中的管理资源

一、管理资源的含义

资源在词典中的解释为：可利用的自然物质、生产资料或生活资料等的来源。本书所述的管理资源即为管理活动所需的资源。

一般认为，所谓管理资源无非就是传统的“人力、物力、财力”资源，再加之近年来比较吸引眼球的“信息资源”，而资源管理就是人力资源管理、物业管理、物流管理、财务管理、信息资源管理等，这些理解和认知比较通俗易懂，但同时也略为粗浅和表象，因为这些观点对管理资源缺乏深层次的思考与研究，只注意到了显性的基础性资源，忽略了规则、权力、人脉、文化等半显性或隐性的“特有资源”。

管理资源包括显性资源、半显性资源和隐性资源，前者如人力资源、物力资源、财力资源，中者如技术、规则和信息资源等，后者诸如权力、人脉和文化等，显性和半显性资源是管理活动中的“资质因素”，而隐性资源是其中的“动力因素”，这些关键、重要的管理资源实际上都是管理的命脉。

管理资源还可分为基础性资源和“特有资源”两个层次，前者如人力资源、物力资源、财力资源和信息资源等，为管理活动提供外在保障；后者诸如规则、权力、人脉和文化等，为管理提供内在保障。管理活动中的两类资源都是不可或缺的，如作为管理“特有资源”的“权力”是一种单方面的影响力，“单方面”是指权力的“非对称性”，这种“非对称性”的资源是“稀缺的或者具有潜在稀缺特征的资源”；规则包括“明规则”和“潜规则”，具体形态包括规章制度、道德法律、风俗习惯、社会结构等，规则的形成和行使是建立在特定的“权力诉求”之上的，而规则肩负着“权力诉求”载体的重任，离开规则管理活动无法进行，管理目标也就无法实现。

二、以管理资源为前提的档案管理理论研究

（一）资源管理与管理资源之间的区别与联系

资源是一个动态的概念，不同的生产力水平和认知条件下对其内涵与外延的理解不同，但不变的是资源必须是与人类需求相关，并在人类活动中可资利用的事物，即可利用性是所有资源的本质特征。

关于“管理资源”，通过前文的分析可知，本书将其理解为管理活动所需的资源，不仅指人力、物力和财力等显性资源，还包括技术、规则和信息资源等半显性资源，以及权力、人脉和文化等隐性资源，显性和半显性资源是管理活动中的“资质因素”，而隐性资源是其中的“动力因素”，这些资源都是管理的关键与命脉，不可或缺。

“管理资源”与“资源管理”是既相联系又相区别的两个概念。两者之间的联系在于，都包含了对资源的关注和重视，只不过在对“管理资源”的研究中，一般会同时考察和比较多种资源的状态和效用，而在研究“资源管理”时，往往只着眼于某一资源，而对该资源的探讨相对更为深入和全面。同时，在任何资源管理活动中，都需要管理资源的保障和支撑，而任何管理资源也都可以成为资源管理的对象，两者是互为条件、相互依存的。

区别在于两者关于资源的内涵有所区别，这导致管理资源的外延相对较小，也就是说，几乎所有“资源”都可作为管理的对象，而“管理资源”只是其中对管理活动有益的那一部分。此外，这两个概念的出发点有所差异，“管理资源”的提出是为了探讨资源在管理活动中的功能和效用，其研究基点是管理活动；而后者研究的则是特定的资源，即如何利用适当的管理方式和手段，实现对某类资源的有效组织、加工和配置。

（二）档案管理理论研究回归管理资源的依据

1. 学理依据

当代档案学的理论基础应定位为档案信息知识管理理论，而档案信息知识管

理是一种以档案信息为基础、以档案信息知识创新为目标的实实在在的资源管理。虽然他们都主要强调档案管理理论研究在信息资源方面的作用和作为，但这正是资源维度档案管理理论研究的根本和基础。

中国档案学并不缺乏影响整个管理学科的研究领域，至少在管理方式和管理资源这个维度上都是大有作为的，管理过程的系统分析和管理资源的重新配置与整合是其最有价值的部分和基本的理论形态。

2. 实践依据

档案的信息属性已经为大多数人所认识和重视，与其他类型的信息资源相比，以其真实性和可靠性而取胜，极富参考和利用价值。管理活动中利用档案信息资源辅助决策的案例不胜枚举，随着人们参政议政和维护自身权益的意识逐渐增强，对公共管理程序和决策依据有着更多的期望和知情权，相关档案信息也就成为维护政府公信力和社会稳定的重要资源。

不仅档案信息是一种管理资源，档案工作本身也能服务于机构与管理，重庆钢铁集团档案馆的实践就是一个亮点，不仅用丰富的档案资源充分展现了自己的成就和实力，还对前来考察的洽谈者在重庆期间的公务活动进行全程摄像记录，并制作成光盘作为客户离别时的纪念礼物，以此来传递重钢的人性和诚意，为重钢赢得了巨大的经济效益和良好的社会效益。

此外，档案学的应用研究与部分基础理论（如来源原则、文件生命周期理论等），在直接指导档案管理实践中一直发挥着巨大的作用和功效，正如林清澄等人所述，档案学理论本身就是一种特殊的资源，同其他科学理论一样，对管理活动和实践具有指导功能、预见（测）功能和解释功能，这些功能都是其价值的体现和资源的表征。

档案、档案工作和档案管理理论研究成果都可以成为特定管理活动实践所需的资源，而这些都是档案管理理论研究的内容。因而可以认为，面向管理资源的研究其实是档案学的理性回归，绝非标新立异或哗众取宠。

（三）以管理资源为前提的档案管理理论研究的本质与特点

1. 用户导向

用户导向是资源维度档案管理理论研究的本质要求，因为资源的首要属性就是其之于主体的价值和有用性，离开对用户需求和用户倾向的了解和把握，资源的开发与保障研究就会失去动力和目标。这里的用户不单指资源的利用者，而且包括管理活动的所有主导者和参与者，其中自然也包含以机构和团体为单位的管理主体。

2. 技术依赖

基于资源的视角研究档案管理活动，必然要对文件（档案）的内容进行描述、组织和提供利用，再用传统方式去处理海量的信息变得十分困难，对信息技术的运用和依赖就成为必然。此外，由于文件（档案）信息的一次管理无法满足不同层面、不同类型的用户需求，还要对其进行挖掘、开发和构建等深层次的加工处理，技术的进步为其提供了可能和便利。在这样的背景下，对技术的关注和依赖，就成为面向管理资源档案管理理论研究的偏好和重要特征。

3. 服务优先

与内容维度的过分强调资源本身的安全性不同，资源维度的档案管理理论研究秉承用户至上、服务优先的理念，不仅强调开放利用，而且对资源的可用性和易用性十分关注，将用户、效率和效益等置于主要和主导地位。正因如此，这一维度的档案管理理论研究及其指导下的档案管理活动，往往更具开放性和拓展性，能涉足更宽泛的领域、开发更丰富的功能。

（四）以管理资源为前提的档案管理理论研究的意义与作用

1. 能推动档案管理活动理念与方式创新

资源维度的档案管理理论研究关注用户、强调服务，对固守封闭的档案管理模式无疑是一个冲击，要求档案工作者在服务理念和管理方式上都有所创新，能推动档案工作的不断革新和改进，促进机构信息资源的结构优化。同时，面向资源的研究成果能直接指导档案管理实践，提高档案实践工作者信息处理和服务水平，进而提升档案工作和人员的社会影响力。

2. 能促进管理资源的配置优化与价值增益

加强文件（档案）内容信息的开发与利用研究，有助于管理主体对人、财、物等资源的全面把握和实时调配，有利于对权力和人脉等隐性资源的适度利用，以保证资源配置的合理性和时效性，在管理活动中具有不可替代的地位和作用。充分全面地发挥档案的资政决策和检测评价功能，事实上已经实现了档案这种资源的价值增益与转化。

3. 能提升档案学在管理学科群落中的地位

档案本身是重要的管理信息资源，档案工作在管理活动中能对包括自身在内的各类资源予以保障和优化，而这些都是档案管理理论研究的对象和内容，也是其优势和强项。从资源维度去认识档案学能提升研究主体对本学科的认知度和自信心，有利于引发其他管理类学科乃至整个科学界对档案管理理论研究的肯定和重视，进而有效提升档案学的学科地位和尊严。因而可以说，这一维度的探讨和成果是档案管理理论研究的价值增长点。

三、档案管理中档案信息资源的一次管理

（一）文件（档案）信息的采集与描述

1. 档案信息采集

所谓信息采集，指的是信息机构和信息人员，根据一定的目的和需求，通过购买、征集、交换等方式，获取各种形态的信息并予以汇集的过程。信息采集来源包括文献型信息源（如图书、报纸、期刊、政府出版物、公文、报表等）、口述型信息源（如电话、交谈、咨询等）、多媒体信息源（如广播、电视、多媒体数据库等）、实物型信息源（如展销会、博览会等）。

广义的档案信息采集，是指对档案及其相关信息进行捕获、登记、分类、添加元数据和存储的过程。就获取途径而言，可分为原始信息采集和二次信息采集

两大类，前者是指从实际对象直接取得的第一手信息，后者是对他人业已收集或积累的信息资料的再收集。而从采集对象来看，可分为三类：一是档案的内在信息，即档案的内容信息，这是档案信息的基本部分；二是档案的一般特征信息；三是档案的历史联系信息。狭义的理解仅指捕获和登记档案的内容信息。

档案信息采集是档案信息资源管理的前提和基础，是档案信息资源一次管理的起点，其质量的好坏决定了档案信息管理整体水平的高低，可见，研究档案信息采集具有极强的实践指导价值。同时，由于档案信息的特殊属性，如要求保证其真实、完整性和可靠、可用性，因而对信息采集的研究还保证了其他环节相关研究的顺利展开和价值实现，具有理论基础意义。档案信息采集研究的主要内容有：档案信息采集的意义与基本要求，档案信息采集的对象与特点，档案信息采集的原则与方法，影响档案信息采集的内外因素研究，档案信息采集的标准与评价等。

2. 档案信息描述

档案信息描述是指按照一定的规则和技术标准（如档案著录规则、档案与电子文件元数据标准等），对档案信息的外在特征和部分内容特征进行系统说明并予以记录的过程。信息描述以文件（档案）信息的外在特征为主，但也不乏对内容特征的描述，具体包括对档案信息的物质形态、主题内容和形式特征等进行分析、选择和记录。

首先，通过信息描述，能将文件（档案）信息的内容特征（如概要、主题等）、外表特征（如责任者、题名、密级、来源出处、形成时间等）和物质特征（载体类型、装订、页册数等）加以表述和记录，能有效揭示文件（档案）信息的内涵与特征，加深对信息的理解和把握。可见，研究档案信息描述，有利于提升对文件（档案）信息识别和揭示的水平，从而更好地对海量的档案信息资源进行有效的组织和定位。其次，通过对档案信息描述的研究，有利于把握并依据档案信息和用户的特点，同时通过对信息描述结果数据的分析，科学地选择和确定检索点，以提高档案信息检索质量和利用水平。此外，相关研究还能加强档案信息描述标准和格式的兼容性和统一化，这极大地方便了不同档案机构之间的信息交换，也能据此实现异构资源的整合和共享。

档案信息描述研究的主要内容有：档案信息描述的原则与要求，档案信息描述的基本方法与技术，档案信息描述的标准与标准化研究，专业或专门档案的信息描述，不同载体类型档案的信息描述等。

我国档案界对信息描述的研究尚属起步阶段，且由于信息描述与信息组织及检索在内容上有诸多的重复和重叠，而档案信息描述属于文献信息描述的具体应用，所以，目前针对档案信息描述的专题研究成果偏少，而专著更是鲜见。

（二）文件（档案）信息的组织与存储

1. 档案信息组织

档案信息组织是基于对信息内容、结构、形态特征的分析和描述，根据检索和利用的需要，对文件（档案）信息进行选择、标引、处理和储存，使其成为有序化集合的活动过程。一般认为档案信息的组织有分类组织法（如职能分类）、主题组织法（如档案主题词分类）、时空组织法（如大事记与年鉴）、字顺组织法和随机组织法等。

档案信息组织是档案管理的重要环节，一则它本身就是加工和开发档案信息的主要手段，二则能为档案信息的检索和传播做好铺垫和准备。研究档案信息组织，有利于优化和丰富信息组织的方式手段，通过甄别、重组和精化信息，促进档案信息的有序化，以充分有效地利用存储空间，在一定程度上解决档案信息分布的普泛性和信息效用个体性之间的矛盾。

档案信息组织研究的主要内容有：档案信息组织的发展和特点，档案信息组织的目的和作用，档案信息组织的原理与理论基础，信息组织的原则与方法，影响档案信息组织的内因和环境分析等。

2. 档案信息存储

有人提出，信息存储是有组织的信息表现形式，是一种异时信息利用行为，属于广义的信息组织的构成部分。这里包括将所采集的信息记录于特定载体之上，将这些信息载体有序化，以及保证信息的长期可用性等三层含义。因此，简而言之，档案信息存储就是应用先进的技术和手段，对所采集或拥有的档案信息资源进行科学有序的存放、保管，以备利用的过程。

由于档案信息资源的逐步数字化和虚拟化，使得档案信息资源的异地存取、异时利用成为可能和趋势。对档案信息存储的研究顺应了这一潮流和走向，在保证档案信息资源的完整、安全、及时获取和长期有效等方面都具有指导意义和导向功能，能促进档案信息资源的共建共享和充分利用。

档案信息存储研究的主要内容有：档案信息存储的发展历程，档案信息存储技术与方式，信息存储的介质、装具和设备研究，档案信息存储程序与要求，档案信息存储的安全问题，档案信息存储的环境要求等。

至于档案信息存储的发展趋向，江涛探讨了全息存储的背景、全息存储技术及其特点、全息存储对材料的性能要求、常见全息存储材料及其特性，并据此提出全息存储是档案信息保存的新领域。

（三）一次管理与管理程序之异同

本书对“档案信息一次管理”的研究，内容涉及文件（档案）信息的采集、描述、组织、存储、传播与服务等，与档案收集、整理、鉴定、保管、检索、编研、利用与统计似乎有重复冗余之嫌，且两者在管理维度上的定位貌似也难以区分，有必要予以辨析。

一方面，两者的区别是明显的：首先，两者的研究目的不同，对“档案管理程序”的探讨，是为了验证和说明传统档案管理理论研究对“程序（或过程）”的关注是属于管理内容维度的，而论述“档案信息一次管理”则是基于管理资源的视角，一则为下文“档案信息二次管理”及“管理资源的信息保障”的提出和研究做必要的铺垫，二则“一次管理”是对档案信息自身“资质”的基本保证，也就是说，档案信息之所以能成为管理资源，离不开“档案信息的一次管理”；其次，两者的导向不同，如前文分析，“档案管理程序”相关研究属于内容维度，其理念是任务导向，因而程序本身就是其关注的对象，而“档案信息一次管理”的相关研究是基于资源的维度和视角，属于用户导向，管理程序只是其目标实现的途径，最终目的还是资源的利用和效用的发挥；再次，两者的适用对象不同，前面所说的“管理程序”主要是针对传统档案的载体和内容而言，而“档案信息一次管理”研究富有时代特征，既强调传统形式档案的内容信息，也能反映数字环境下的档案资源特征，更具概括性和包容性。

另一方面，两者的联系也是紧密的和必然的：本研究对“档案信息一次管理”和“档案管理程序”研究内容的表述，都是基于过程与流程的角度予以划分和展开的，而程序和流程在本质上归属于管理的内容，因而这两部分的相似就难以避免；再则，管理活动的维度划分既是绝对的，也是相对的，资源与内容的关系十分紧密，任何管理内容的实现离不开资源的支撑，而几乎所有的资源也都能成为管理的对象和内容，实践和现实既然如此，研究就自然无法割裂两者的联系，“档案信息一次管理”虽然目标和导向都是实现资源的效用或保障，但必须通过一定的形式（即成为管理的内容）才能得以进行和体现，否则就是无本之木、无源之水。

四、档案管理中档案信息资源的二次管理

（一）文件（档案）信息开发

对文件（档案）信息开发的含义有不同的理解，一种认为开发就是“对档案文件及其所含信息进行整理和编目”，另一种是认为开发还包括提供咨询服务和促进利用，目前将文件（档案）信息开发仍定义为“编目与索引”的已经比较罕见了，主要有狭义和广义两种理解：狭义的理解为根据用户需求和馆藏实际，将档案中蕴藏的信息挖掘出来，以实现档案价值最大化的过程，这种理解认为文件（档案）信息开发是一个高层次的劳动创造过程，不同于收集、整理、编目等一般档案管理工作环节；而广义上的理解不仅包含了狭义的理解，还包括档案信息一次整理的全过程在内。

研究文件（档案）信息开发是档案事业发展的需要，也是资源维度档案管理理论研究的本质要求。一方面，能直接指导档案工作实践，有利于激发档案信息工作者的积极性和创造性，提升档案管理活动的层次和水平，促进档案资源的深层次挖掘和充分利用；另一方面，也能开阔和拓展档案学的研究视域，强化档案管理理论研究的功能和价值，进而有助于档案学的学科地位提升和可持续发展。

文件（档案）信息开发研究的主要内容有：文件（档案）信息开发的含义

与内容，开发的特征与意义，开发的原则与要求，开发的技术与方法，开发的层次与过程，开发的组织与人才研究，文件（档案）信息开发的效益分析与趋势研究等。

由于档案信息开发的重要价值和可拓展空间，此类研究成果颇为丰富，近年来还呈持续上升的态势。辽宁省档案学会就召开了“进一步开发档案信息资源”的学术讨论会。

（二）文件（档案）信息构建

信息构建是一个新兴的研究领域，美国情报科学和技术协会（ASLS）提出，信息构建有三层含义：一是信息组织、导航、标注与策划的组合；二是信息空间结构设计的优化；三是网络信息分类的科学和艺术。信息构建的核心内容包括信息的可访问性和可理解性。据此可以认为，档案信息构建是研究如何组织、表达和阐释文件信息，以保证其可用性和易用性的艺术与科学。

档案信息构建与档案信息组织既有联系又有区别。两者的联系在于，信息构建是建立在档案信息组织的理论与实践基础之上的，而档案信息组织又是信息构建的主要内容并为之提供技术支持。两者的区别在于，信息组织多是从信息管理人员的角度来考虑技术和方法，侧重于信息的系统性和有序性，而信息构建更关注信息用户的理解和利用，侧重于信息的清晰和可理解，两者最大的不同在于，信息组织只关注信息加工与排列的科学性，而信息构建则注意信息呈现的科学性和艺术性。由于信息构建存在强调信息的艺术性和可理解性、强调用户的需要和体验等特点，可见研究文件（档案）信息构建不仅对于档案管理实践与档案信息服务理念创新具有冲击力和影响力，对于档案管理理论研究的理论拓展也大有裨益。

文件（档案）信息构建研究的主要内容有：信息构建的原理与方法，信息构建对文件（档案）信息组织的作用和影响，文件（档案）信息构建的特点与要求，文件（档案）信息构建的内容与原则，档案信息用户研究，文件（档案）信息工作者信息素质研究等。

但由于一方面国内信息构建的研究还处于起步阶段，另一方面，当前的信息构建理论主要只关注网络信息资源的组织和表达，所以，在档案管理理论研究领域的成果还不是很多，且主要探讨其对于档案网站的启示和影响。

我国信息构建研究还存在缺乏系统的理论体系、应用范围相对狭窄、专业人才教育尚未形成等问题，这些问题也同样反映在档案信息构建的研究上，不过这也正说明档案学在这一研究领域里还大有文章可做，具有提升的空间和潜质。

（三）档案专题信息营销

对于信息营销，目前有两种理解：一种将信息营销定义为：企业（机构）综合运用各种现代信息技术，以各类有效信息为重要资源来制定营销战略，并协调和管理营销工作，以获得竞争优势的一种营销方式；另一种认为，信息营销是信息服务机构为满足信息用户需求，对其信息产品与服务进行调研、分析、组织、促销等系列活动，并实现价值交换的过程。前者是将信息作为营销的资源与手段，而后者是将信息作为营销的产品和对象。本书持后一观点，认为档案专题信息营销是指，在政策和法律许可范围内，档案信息机构按照信息市场的规律，选择适当的经营方式和策略，完成信息商品和信息服务从专题开发到交换利用的转换，向用户提供特定信息产品和信息服务的过程。

信息营销研究在图书情报界受到一定的关注和重视，相关成果较多，但在档案管理理论研究领域缺乏影响。这是由于档案信息的特殊性和档案工作的相对封闭性，许多人认为档案信息资源无需“营销”也无法“营销”，其实这种理解有一定的偏差。一则，档案信息资源特别是经调研后专门加工的档案信息，与普通的物质商品一样，是价值和使用价值的矛盾统一体，是能满足社会需要、凝结了一般劳动的智力成果，因此可作为商品来生产、流通和使用，具有推广和推销价值；二则，运用营销的原理和策略能促进档案信息的开发利用，改变档案信息工作者的理念，激发其内在动力，提高档案信息开发的效率，进而塑造档案信息服务的新形象，实现档案馆职能的拓展和服务的强化。可见，档案信息营销是可行的，档案专题信息营销研究更是必要，有利于改变档案工作者和档案研究人员的观念与思路。

档案专题信息营销研究的主要内容有：档案信息营销的含义与内容，档案信息营销调研与预测，档案专题信息的选择、确定与加工，档案信息营销环境分析，档案信息市场与用户行为分析，档案信息营销战略规划，档案信息产品价值分析，档案信息营销的策略和方法等。

档案学在信息营销领域的研究还亟待加强，这是推销和推广档案信息资源，提升档案工作与档案管理理论研究水平和地位的内在要求。许多人认为，档案工作很少直接参与社会与机构管理活动当中，给人置身事外、“大隐于市”的印象，档案学也在管理研究领域属于“隐学”。新的管理环境对档案工作提出了新的要求，机遇与挑战并存，此时要意识到“有为才有位”，要抓住时机、乘势而上，还要能“就势造势”，善于宣传与营销，开展各类档案文化活动，推出更有吸引力的档案文化产品，让更多的单位和个人熟悉档案工作、利用档案资源，在扩大档案工作影响的同时，提升档案管理理论研究在管理资源维度的空间和地位。

第三节　档案管理中的管理方式

方式通常是指说话做事所采取的方法和形式，也常解释为可用以规定或认可的形式和方法。因而管理方式既可指具体管理行为所采用的方式和办法，也可以抽象地理解为管理活动的通用手段或模式。简而言之，管理方式是依据管理内容的特点和要求，对管理资源进行整合、配置的方法与途径。

依据不同的标准，对管理方式的类型有不同划分：根据管理过程中是否产生言语行为，可以分为言语型管理方式与非言语型管理方式，前者如面谈、会议等，后者如文件、肢体表达等；根据管理行为发生的场合，可分为直接型管理方式（如现场、会见等）与媒介型管理方式（如文件、电话等）；根据管理行为正式与否，可分为正式管理方式（如文件、会议等）与非正式管理方式（如暗示、闲谈等）；根据对资源处理的程度，管理方式可分为一次管理和二次管理两个不同层次。

以管理方式为前提的档案管理理论研究主要包括：直接与媒介管理方式对比；管理活动中文件方式的特点与功能；管理活动中文件方式构成要素分析；管理活动中文件方式影响因素分析；文件方式的历史梳理与创新研究。

管理方式是管理资源整合、配置与利用的方法与途径，是管理内容与管理功能得以实现的基本手段。管理维度空间中承担着“连接”内容维度与资源维度的作用，也就是说，离开管理方式的支撑，资源就无法服务于管理内容，甚至不能称之为管理资源，而管理内容也就无法展开与实施。此外，与管理资源和内容的相对固定、客观性较强不同，管理方式还具有相当的灵活性和能动性，一则管理方式的选择受管理主体的支配和左右，二则同样的管理方式和手段，经由不同的管理者运用，其结果与绩效也会有所不同。

文件方式属于一种正式的、言语型、媒介类管理方式，是管理活动中最重要、最通用，也是最经济的管理方式，由于其具有确定性、规范性、可控性等比较优势，现代社会与机构管理都离不开这种方式的运用和支撑。而文件方式一直是档案管理理论研究的特色和强项，在管理学科体系中有着无可比拟的优势，归于管理方式的档案管理理论研究不仅在指导管理活动实践、促进管理效率的提高方面有着积极的作用，还能提升档案学在管理学科的地位和影响，摆脱中国档案学长期以来缺乏原创性和本土特色的尴尬局面，最终形成学科研究的核心竞争力。

一、以管理方式为前提的档案管理理论学研究

（一）以管理方式为前提的档案管理理论研究阶段与内容

文件方式作为社会与机构管理活动中最重要、最通用的管理方式，由来已久，一般认为随着文字的出现和国家的产生，它在管理中的基本职能便已出现。

文件方式一直是档案管理理论研究的特色和强项，而最初的研究又集中在其分支学科“文书学”之上（当然，文书学不是文件方式研究的全部）。

故本书参考中国人民大学王健的观点，将我国的文件方式研究划分为三个历史阶段：首先是萌芽阶段，指自有文件方式起到 20 世纪初的漫长过程，这一时

期的文件方式处于相沿成习、专任封闭的状态，主要的成果是汇集文书资料、研究文书（文件）的撰制、制定文书工作规则等；其次是研究起步阶段，从一开始就出现了较为系统的文件方式相关研究成果；再次是蓬勃发展阶段，主要表现是设立了专门的研究机构，出版大量的学术专著，逐步形成了系统的理论体系，并开始对新型载体文件（如电子文件等）的运转方式进行探讨和研究。

从管理理念来看，可分为“管制”型文件方式和“服务”型文件方式两个研究阶段。之所以会有这两个阶段的区分，一方面是来自我国行政管理和社会发展实践的冲击：中国几千年专制统治和高度集权的计划经济体制，使得“管制”型文件方式影响极深，而政治民主化进程和市场经济发展要求政府从统治者的身份逐步转变为社会的服务者。“管制型”权力运行的向度是自上而下的，社会管理活动都由政府主导推动，较少考虑社会公众的愿望和多样化需求，其文件方式是封闭的、机械的；“服务型”则是一个上下互动的管理过程，它主要通过合作、协商、认同和建立共同目标等途径来推动管理活动进行，因而其文件方式也就相对较为开放和灵活，特别是程序的开放性是“服务”型管理方式的基本要求和主要特点，没有过程的公开透明，就无法分清权责的范围和大小。另一方面也受到公共管理理论变革的影响，如20世纪七八十年代以来流行于西方各国家主张有限政府的新公共管理思潮，为了改变政府形象、提高管理绩效，美国学者戴维·奥斯本（David Osbome）提出的重塑管理十条思路等，都对我国公共管理和文件方式的研究产生较大的触动和影响。“服务”型文件方式研究萌芽于20世纪末，最初的研究主要是着眼于政府文件信息资源能否公开，后来探析信息公开制度。

至于管理方式维度的档案管理理论研究内容，无论属于哪一历史发展时期或哪种媒介形态，也无论何种管理理念，都应该涉及文件方式的含义与特点，文件方式的功用与意义，文件生成（制作）、流转、督办与办毕处理等的发展历程与趋势，文件方式的构成要素与环境分析等方面的研究。

（二）以管理方式为前提的档案管理理论研究倾向与特色

本书对管理方式的理解是，依据管理内容的特点和要求，对管理资源进行整合、配置和保障的方法与途径。在管理维度空间中，管理方式承担着“连接”内容维度与资源维度的功能和作用，只有借助和利用一定的管理方式，资源才能服务于管理内容。与此同时，管理方式也受到管理资源和内容的制约和影响，并为管理目标所指引和控制，为管理主体所左右和支配。因而，归于管理方式的档案管理理论研究呈现如下倾向与特色：

1. 目标导向

方式是服务于管理内容的，但最终是服务于管理的目标，管理方式从选择、确定到运用，无不围绕和依托于管理的目标，归于管理方式的档案管理理论研究自然也着眼于社会与机构管理的终极目标，即实现资源的最优配置和效用最大化。因而，方式维度的研究属于目标导向型，这与内容维度的任务导向不同，后者更关注细节和具体，相对较为短视，而目标导向则着眼于长远与整体，更注意通用性和兼容性。目标导向与资源维度的用户导向也不同，后者由于过分强调需求者的诉求和利益，往往忽视了提供者和其他相关主体的权益，而方式维度的研究则为了高效地实现管理的内容与目标，自然会以权益平衡为基础，注意权益补偿和救济机制的建立。

2. 系统依赖

系统依赖有两层含义：一是指对具体系统的依赖，即离开由生成机制、流转机制和监控机制共同组成的文件运作系统，文件方式就无立足之本，更不用说发挥其功用了；二是宏观的管理系统，指管理方式的效果发挥对管理的资源与环境具有极大的依赖性，这就是为什么不同的管理主体会选择不同的管理方式和策略，而同样的管理方式和手段，经由不同的管理者运用，其结果与绩效也会有所不同。虽然资源是属于管理的内在性要素，具有可预期性，能为管理者所把握和控制，但管理的环境却是外在的、不可预测的，因而管理方式维度的研究必须探讨文件运作系统及其与外部环境的互动。

3. 效能优先

既然归于管理方式的研究是目标导向，强调以最少的资源赢得最大的效益，这里的效益不是指单纯的经济效益，而是包括社会效益在内的综合效益，所以效能问题是其优先研究和考虑的。

效率是以正确的方式做事，而效能则是做正确的事。在这种理解下，效率和效能自然不应偏废，但在二者无法兼得时，首先应着眼于效能，然后再设法提高效率。而在汉典中，效能既包括效率，也包括能力，也有人为效能做了个公式：效能=目标×效率，即说明不能片面地追求效率，效率高不代表就可以实现良好的效益，只有在目标引导下的效率才是方式维度研究所应该追求的，所以在研究管理的手段和方式时，要注意调动管理主体的积极性、主动性和创造性，不仅强调管理的效率，更要保证质量和方向。

（三）以管理方式为前提的档案管理理论研究功用与意义

方式不仅是管理资源得以整合与利用、管理内容与功能得以实现的基本要素，还是这两个维度的“关联”者与沟通者，管理方式的研究在指导管理活动实践和提高管理效能等方面有着积极作用。档案管理理论研究一直在文件这种管理方式上有着无可比拟的优势，而文件方式因其具有确定性、规范性、可控性等特点，一直为社会与机构管理所通用和倚重。因而，归于管理方式的档案管理理论研究具有以下功用与意义：

1. 能直接应用于社会与机构管理实践

与内容维度的档案管理理论研究主要用于指导狭义的管理活动档案管理实践不同，研究文件方式是服务于广义的管理活动，即旨在为各种类型的管理活动提供可资利用的手段和方法，以在遵循管理活动规律的基础上，实现管理资源的有效配置与利用，提高管理活动的效能和水平。

2. 能促进管理方式的优化和集成

所谓优化，一方面是指，由于这一维度的档案管理理论研究本身就是对文件方式的研究，必然会带来文件这种通用管理方式的革新和提升；另一方面则是指，通过研究与扩大文件方式的影响，也能引发人们对其他管理方式（如会议等）的关注和重视，促进这些方式的改进和发展。而所谓集成，则是指在深度发掘各种管理方式的优劣之处后，在明确管理要素状态的基础上，实现多种方式的有机组配和合理利用。

3. 能凸显档案管理理论研究的地位和作用

与资源维度的档案管理理论研究一样，归于管理方式的档案管理理论研究不再将视线拘泥于档案自身的管理，而是着眼于广义的管理活动，这种研究视域的开拓必然带来学科地位的改变。当管理方式问题进入人们的视野、文件方式成为人们关注的对象时，档案管理理论研究的作用和价值自然就得到了凸显，而其他管理类学科在通用管理方式研究上的“短板”与短视，必然反衬出档案管理理论研究的长处与“强势”。因此可以说，这一维度的探讨和研究具有核心竞争力。

二、管理活动中文件方式的优势

由于文件方式兼具有言语型、媒介型和正式管理方式的特点，所以存在以下比较优势：

（一）在作用的广度与深度上的优势

在一定的机制保证下，采用文件方式的管理主体不必亲临管理现场，而是通过文件进行信息的传达和反馈，以实现对管理活动的远程把握与控制，较易扩增管理的幅度和层级，影响和作用的范围较广，这也是文件方式之所以能为各类管理活动普遍使用的重要原因之一。

（二）在单位成本上的优势

相对于会议和现场直接管理等方式而言，由于文件信息复制和传播的成本较低，同样的作用面和影响范围，所需经费要少得多，而且这种优势随着电子文件的大量使用显得更为突出。当然有人会说，保持文件方式运作体系也是需要经费的，虽然不无道理，但由于文件方式是机构日常工作手段，文件方式运作体系的投入平均到单次文件方式的利用几乎可以忽略不计，或者说文件方式的边际成本很低。

（三）在传承和凭证上的优势

这是由于文件方式一般属于书面语言型管理方式，具有外部存储性，即借助纸张、磁盘等载体，能将管理的内容与目标等给予明确的语义表达和思维传播。这一来能保证管理活动不依赖特定管理者的大脑而存在和运作，二来能给今后的类似管理活动提供方式上的借鉴，即保证管理方式的传承性。同时，外部存储性带来的视觉表征具有更大的明确性，具有凭证作用，能避免管理沟通和资源调配的随意改变，保证管理内容和程序的可预期性和可考证性。

（四）在表达与理解上的优势

文件方式的最大优势就是表意准确，这一方面得益于书面语言本身更为慎重，用词考究，具有相对独立性，构思的时间与信息都比较充分，使管理主体意图表达更为准确可靠，很少产生歧义；另一方面，文件生成时，其规范性结构特征也对内容产生制约和规范，如法规公文用篇、节、章等层级结构来体现各部分内容的等级和地位，增强了表意的效果，降低了理解的难度和偏差。

此外，由于文件方式一般说来归属于正式管理方式，因而还具有后者的全部优点，如稳定性、权威性和可控性等。

第二章　档案管理工作的主要内容

第一节　档案价值的鉴定

一、档案价值鉴定工作的规则

档案价值鉴定工作的规则，是依据国家档案价值鉴定工作的法律规范和制度要求规定的供参与档案价值鉴定工作的全体成员共同遵守的制度性行为规范。其内容通常包括：

（一）规范有据

要求机构、组织开展档案价值鉴定工作，应自觉遵从国家法律、法规、行政规章、地方规章及地方法规的有关规定进行。

（二）统一管控

要求机构、组织开展档案价值鉴定工作，应自觉接受国家档案行政管理部门的行政监督和业务指导。国家档案行政管理部门通过档案保管期限表的“审批制”，可以使我国各级党政机关、人民团体及具有行政管理职能的事业单位的档案价值鉴定工作得到有效的管控，防止国家档案财富的流失。军队系统、民主党派、企业事业单位要在同级档案行政管理部门的帮助指导下，开展本单位的文书档案保管期限表编制工作，不需经同级档案行政管理部门审批。

（三）依理行鉴

要求机构、组织开展档案价值鉴定工作，应自觉践行科学的档案价值鉴定理论和方法，如体现系统鉴定思想的“职能鉴定论”“双重价值论”，体现“高龄案卷应当受到尊重”思想的“年龄鉴定论”，体现内容分析思想的“内在价值论”，体现辩证思想的“相对价值论”等理论和方法。

（四）标准先行

要求机构、组织开展档案价值鉴定工作，应事先编制适合本单位（或本系统、本行业、本地区）形成文件归档鉴定需要的具体标准——档案保管期限表；没有编制经过档案行政管理部门审核通过或认可的档案保管期限表之前，不能开展本单位的档案价值鉴定工作。

（五）擅存禁止

要求机构、组织开展档案价值鉴定工作，应按照规定对国家规定的应当立卷归档的材料，必须按照规定，定期向本单位档案机构或者档案工作人员移交，集中管理，任何个人不得据为己有。国家规定不得归档的材料，禁止擅自归档。机构或组织所确定的本单位文件归档范围，是其开展档案价值鉴定的重要依据和标准，凡是未被列入“归档范围”的文件，一律禁止擅自作为档案保存。

（六）证据保全

要求机构、组织开展档案价值鉴定工作，应从保持本单位业务工作活动连续性的需要出发，注重本单位业务证据、法律证据留存的完备性，使所保存的档案可以满足本单位业务工作的存续和发展的需要。

（七）记忆保健

要求机构、组织开展档案价值鉴定工作，应为本单位的组织记忆留存相对完整的历史记录，以保证本单位历史记忆的健壮性，为本单位的组织文化建设及社会历史文化建设提供充分的档案资源保证。

（八）以我为主

要求机构、组织开展档案价值鉴定工作，应将本单位形成的记录和反映其主要职能活动、重大任务、重要活动、重大事件的档案作为保存的重点，而对来自其他机构或组织的文件的留存则应“从严把关”；留存档案保管期限的划分，本单位的档案应从宽，外单位的档案则应从严。

（九）宽严适度

要求机构、组织开展档案价值鉴定工作，应在不影响本单位业务活动证据体系完整性和系统性的前提下，掌握好“孤本从宽，复本从严；原件从宽，复制件从严；正件从宽，过程件从严；高龄从宽，低龄从严；涉及公民权益的从宽，涉及基础性、常规性、事务性的从严；本单位的文件从宽，外来文件从严”等鉴选尺度。

（十）期满重鉴

要求对那些保存已满最初所划定年限的档案，应定期进行重新鉴定和复核，并根据业务工作需要、历史研究需要，进行相应处置。这是因为档案价值鉴定工作是带有一定主观色彩的业务工作，不能一蹴而就。特里·库克认为，鉴定不可避免地是一个主观过程，任何“价值”判断都会随着时间、地点、政府结构/定位，以及社会和民族文化的变化而变化，而现在的档案工作者正在建构未来将要知道的过去。“时间是最好的鉴定师”，通过对保存期满档案的重新鉴定，可以保证有价值的档案得到有效留存，并可以对那些确实没有继续保存必要的档案，及时加以销毁。

（十一）程序合规

要求机构或组织的档案价值鉴定工作，应按照规范的业务工作流程，有领导、有组织地进行；要杜绝无领导、无组织的鉴定销毁档案的行为。

（十二）业务留痕

要求机构、组织应通过编写“档案价值鉴定工作报告”（或“档案价值鉴定工作分析报告”），编制“档案销毁清册”（或“档案销毁清单”）等方式，总结档案价值鉴定工作的经验，明确档案价值鉴定工作的主要问题及应对措施和办法，并为已销毁档案留下可追溯的业务活动证据。由于鉴定的复杂性、鉴定的社会重要性以及鉴定的主观性，档案工作者及其所在的机构应该通过对背景研究、鉴定过程、存毁决定，以及最终的档案文件移交等做充分和透明的记录，以保证他们对鉴定决定的负责态度。

二、档案价值鉴定工作的方法

综合国内外档案价值鉴定工作的方法，主要包括档案整体价值评估法和档案内在价值鉴定法等几种类型。

（一）整体价值评估法

整体价值评估法是从整体上评价和预测档案价值鉴定工作的方法总称。这类档案价值评估方法，目前最具影响力和理论与实践意义的主要包括宏观鉴定法、档案双重价值鉴定法两种。宏观鉴定法的主要适用对象是电子文件、记录和档案的价值鉴定；档案双重价值鉴定法的主要适用对象是纸质文件、记录和档案的价值鉴定。档案双重价值鉴定法在纸质文件、记录和档案依然大量存在的时代，依然是一种指导档案价值鉴定工作实践的经典专业方法；但是，随着电子文件、记录和档案的大量涌现，其局限性也逐渐暴露出来。宏观鉴定法却可以较好地解决电子文件、记录和档案的价值鉴定难题，其有效运用不仅可以使留存的电子档案的数量得到有效控制，而且更为重要的是，它简化了档案价值鉴定工作，保证了留存电子档案的整体质量，使人类社会建立覆盖社会治理的“全景档案”综合体成为可能。

1. 宏观鉴定法

（1）宏观鉴定法的概念及其提出

宏观鉴定法是基于职能来源，以形成档案的社会背景及目前可知的档案利用需求（而非预测的研究利用需求）为根据，从整体上判定档案价值的方法。宏观鉴定法是确定哪些形成者、职能、工作项目、活动，哪些相关的文件或记录，将反映在档案之中的鉴定工作方法。它也是从整体上判定哪些人和事将不被载入档案的档案价值分析与评价方法。

（2）宏观鉴定法的基本思想

运用宏观鉴定方法开展档案价值鉴定工作，档案工作者不是运用“直接鉴定法”具体针对每份文件或记录进行鉴定，而是要鉴定这些文件或记录的各种形成背景及其在当下被利用的状况，即对文件或记录的职能来源进行鉴定。因此，运用这种鉴定方法，档案工作者可以同时对围绕某一特定职能形成的文件或记录，实施综合性鉴定活动。

宏观鉴定法的应用前提条件是：要求档案工作者对组织文化、机构职能，对文件或记录的管理体系、信息流、记录载体及其在时空转换中的变化等方面的信息，进行深入研究。

（3）宏观鉴定法的应用要点、解决的鉴定问题及其意义

宏观鉴定法要求鉴定人员应把鉴定工作的重点放在分析、鉴别那些数量上可控的职能、项目、活动及公民互动的重要性方面，而不是放在鉴定那些数量庞大的文件、记录或事务处理信息系统方面。

档案工作者如果能知晓整个背景（职能、项目、活动及公民互动的重要性），就可容易地辨认和剔除那些价值不大及重复性的文件，迅速锁定、鉴别出重要职能部门形成的、记录在最佳介质上的那些最简明、最准确、最重要的文件，并将它们作为档案长久保存。

宏观鉴定法把鉴定的主要焦点，从档案及档案本身所具有的研究特征或研究价值，转移到了形成档案的职能背景上，即档案的概念来源、虚拟来源或职能来源上。

档案工作者通过对机构职能的分析（包括对职能与组织的互动、组织文化的动力、文档管理系统、公民或客户的参与及其与机构或职能互动等情况的分析），并运用从分析中获得的知识，就可以顺利地开展档案价值鉴定工作。

对档案工作者而言，档案价值鉴定工作需要回答的主要问题就变为如下三个层面的问题：

第一，形成者的哪些职能和活动应该被记录（而不是哪些文件应该被保存）？

第二，谁在制定和执行关键性的项目计划？在机构的事务处理中，谁会有动

机和责任去形成文件，所形成的可能是哪种类型的文件，形成者在这些文件的形成或使用中与谁发生了互动关系？

第三，哪些文件形成者或“职能”（而不是文件本身）最为重要？

只有在回答了上述问题后，档案工作者才能从“宏观鉴定”的角度，按其认定的详细程度（或者按传统鉴定所采用的诸如年代、广度、唯一性、时间跨度、完整性、破损度、可靠性等“判定标准”），切实锁定哪些文件或记录最具潜在的档案价值。同时，档案工作者也只有在这种情况下，才能确定哪些私人领域形成者的文件或记录，可用来充实或补充政府档案的不足，从而建立起可以覆盖社会治理的“全景档案”综合体。

鉴于这些宏观层面的问题是由政府一方回答的，这便意味着大量的文件不用做细致调查即可销毁。在此基础上，机构和档案馆用在鉴定和文件处置工作上的时间、空间和资金成本，可以大为节省。

宏观鉴定法是基于职能而不是基于档案的鉴定方法。首先，宏观鉴定法不仅聚焦职能，它还聚焦职能、组织、公民的三方互动。其次，用来评判（或鉴定）职能的方法是评估一个项目计划对社会的重要性（进而也是相关文件或记录的重要性）的手段。鉴定理论的焦点在于社会性，即要鉴定那些为政府有力影响社会提供证据的文件，而不是为政府职能本身提供证据的文件。最重要的是聚焦社会（公民）治理和公民与政府的互动，而不仅仅是记录政府的职能。

由上而下的职能路径，不仅是理论之需求，也是实践之诉求。宏观鉴定实践就是把基于背景的来源放归鉴定，不再关注文件的具体主题内容。在宏观鉴定实践中，档案工作者主要的鉴定研究焦点及随后的决策，应放在职能互动过程这个治理概念的核心上。处在不稳定的自动化办公空间或持续变化的关系数据库中，或面对浩瀚的现代纸质文件，档案工作者要在文件级阶段做出存毁决定，要么不可能，要么极其困难和极不准确。因此，基于来源背景，文件在现代机构中被形成和管理，它既包括政府的职能运作和各个项目的实施，也包括公民与政府职能活动的互动（他们是怎样接受、拒绝、抗议、申诉、改变、修正以及影响这些职能工作的，反过来又是怎样被其影响的）。通过把鉴定焦点放在社会治理和公民与国家互动这个双向职能作用上，而不只是关注政府职能，宏观鉴定使档案工作者有机会为未来挑选出更有价值的档案。

宏观鉴定法的应用是信息时代档案鉴定工作的必然选择，是对各种业务信息系统中生成、存储、归档的电子文件和记录，进行“批处理”鉴别的重要理论方法和实践工具。

2. 档案双重价值鉴定法

档案双重价值鉴定法是一种从整体上预测和估价档案保存价值的专业方法。我国档案管理学中所讲的档案双重价值鉴定法的思想，源自美国档案学者谢伦伯格的“文件双重价值论”。公共文件具有两种不同的价值：一是对原机关的原始价值，即第一价值；二是对其他机关与私人利用者的从属价值，即第二价值。具体来说，第一价值是指文件对其形成部门工作事务的有用性，分别体现为行政管理价值、法律价值、财务价值和科技价值。第二价值是指文件对形成机关以外的其他利用者的有用性，包括证据价值和情报价值。

从某种意义上说，档案双重价值论既是揭示档案价值实现过程及其规律性的一种档案学基础理论思想，也是一种指导我国档案价值鉴定工作实践的应用理论和方法。其实质是根据文件生命周期理论，从整体上分析、评价和预测档案保存价值、确定档案保管期限、决定档案如何处置的一种专业理论和方法。

档案双重价值鉴定法，就是在档案价值鉴定工作实践中，运用“档案双重价值论”的思想，综合分析影响档案保存价值的各种档案自身因素和档案形成单位的业务需求及社会用户的工作、生活和研究等方面的需求因素，进而合理评价和预测档案的保存价值，划分档案的保管期限，并对已经失去保存价值的档案予以销毁的一种整体性档案价值鉴定工作方法。

档案双重价值鉴定法，在纸质档案占统治地位的时代，对有效解决各种社会机构、组织的文件数量激增和整个人类社会有限的保存档案空间之间的矛盾，确实起到了不可低估的作用，也取得了较好的保存人类社会历史记忆的作用。因此，作为一种指导以纸张文件和记录为主体的档案价值鉴定工作实践的专业方法，它不失为一种有效的经典理论和专业方法。

（二）内在价值鉴定法

1. 内在价值概念的提出及其含义

所谓“内在价值”，是一个档案术语，用以说明具备永久价值的记录的属性和特征。它使这些记录以档案部门唯一接受的原始物理形式加以保存。记录的原始物理形式所具备的属性和特征不能被保留在其副本中，故具备内在价值的档案必须以记录的原始物理形式保存。

决定档案内在价值的属性或特征，可能是记录的物理形式或智力内容，即它们可能与记录的物理载体、记录信息的方式或记录所包含的信息相关。档案工作者有责任确定哪些记录具有内在价值。档案工作者通常是在记录的系列层级上做出这种判断的。因为在所有其他档案鉴定活动中，做出判断的关键是记录之间的联系（背景关系），通常通过考察所有系列，可更好保持这种联系。但是，档案工作者也可以在一个系列范围内判断某些个体记录的内在价值，尤其是那些因具备特殊物理特征而被保存的个体记录。

2. 内在价值鉴定法的应用

如果可能，具有任何内在价值属性或特征的记录，都应以其原始形式加以保存。所以，内在价值概念不是相对的。关于记录是否具有内在价值的认识，不同的档案工作者之间、不同时代的档案工作者之间是变化的。因此，必须在所有关于内在价值的决定中进行专业性的档案判断。在一个档案机构内，记录保存机构之间的协调，也许是必要的。例如，保存着相似研究课题记录的各单位，应当相互协商以避免重复。尽管内在价值概念应用于古老记录可能比较容易，但是与内在价值有关的决定能够应用于所有具有充分价值的决定尚需验证。包括研究人员使用过的，具有内在价值的记录的副本，可以进行必要的备案。事实上，由于记录的脆弱性、稀有性或重要性，研究人员可能需要通过复制品开展工作。

具有内在价值的记录应受到保护或修复；但是，在做出长期保存的连续性判断活动中，记录具有内在价值的判断也只是第一步而已。保存活动的优先顺序，还应考虑其他影响因素。

尽管具有内在价值的记录是档案机构应该以原始形式保存档案的核心组成部

分，但是档案机构也必须保留那些不能进行档案复制的副本性记录。在研究活动中，这些副本的使用可以使原始记录的耐久性和使用性得到延长。如果不能用这种记录制作足够的复制件，那么缺乏内在价值的原始记录副本就不能考虑销毁。例如，目前采用视听记录的副本制作的复制品通常比依据原件制作的复制品的质量低，故大多数视听记录的原始副本均应予以保存。只有根据记录的复制品制作的备份质量相当于或优于原始记录副本，才可考虑销毁原始记录的副本。

某些记录虽然不具有内在价值，但因法律要求保存，所以还必须保留原有的物理形式。

对内在价值的概念应用这里举三个实例。在这些例子中，首先，档案工作者按照内在价值标准审查了这些记录。其次，如果确定记录不具有内在价值，则会考虑审查是否有法律层面的记录保存要求。最后，如果前两者是否定的，档案工作者还需要研究记录的备份是否充分。

（三）相对价值评估法

从某种意义上说，人们对档案价值的预测与判断都只具有相对意义。所谓相对价值评估法，就是要求档案工作者在正确的档案相对价值鉴定理论的指导下，从不同角度出发，综合判断和估价档案对人类社会存在和发展所具有的各种积极意义。

首先，就档案的整体而言，只有在档案有机体保存相对完整的情况下，其保存价值和利用价值（业务价值和文化价值）才会最大化；而在档案有机体遭到自然和人为因素破坏的情况下，其整体价值就会受到严重的损害，并会严重影响其业务价值和历史文化研究价值。

其次，就档案文件的个体来说，多数只是记录和反映了组织和个人业务活动的零星、片段性的数据和信息，任何个体文件都不足以满足业务持续性和发展性的需要，诚然也不足以为组织和社会留下相对完整的“记忆”。因此，过分强调残存档案的价值会相应提高“原理”和“方法”的重要性，而忽视对档案有机体“完整性”之重要意义的肯定，或者片面地强调“档案的完整程度越高、绝对数量越多，每一份档案文件的价值就相对降低”的思想，无疑都会将鉴定工作实践引入歧途。实践表明，如果在档案价值鉴定工作中过分地强调“个体”档案价值的相对性判断，则会严重影响档案全宗整体价值的相对性判断。

最后，就人类历史文化、历史记忆的保存而言，完整的档案有机体的价值也远远高于“残缺不全”的零散档案文件的价值。当档案有机体可以有效保证各种现实业务活动正常运作和持续发展时，其价值最大，管理档案的效益最高；而当档案有机体不能有效保证各种现实业务活动持续正常开展的时候，其价值就会大大降低。

档案工作者可以从以下几个层面，分析和鉴别档案文件及其有机体所具有的相对价值。

1. 基于“来源”因素导向的档案相对价值判断方法

在影响档案相对价值的各种因素中，“来源”因素是一个非常重要的关键性“价值因子”。一般来说，档案的“来源”价值因子的主要呈现形式包括：形成档案有机体的“立档单位”的社会地位、责任者的社会责任与社会影响力、相关业务活动项目的重要性及其社会关注度等。在具体鉴定实践中，鉴定人员必须注重分析上述三个方面的因素，比较分析“立档单位”的社会地位高低、责任者的社会责任重要性与社会影响力的大小、相关业务活动项目的重要性及其社会关注度的大小。

2. 基于“形成时间”因素导向的档案相对价值判断方法

档案的形成时间因素是影响档案相对价值的重要因素之一。构成档案形成时间因素的“子因素”主要有档案文件及其有机体的形成时期、年代和产生的业务工作阶段。在档案相对价值的判定实践中，鉴定人员如果能切实分析档案文件及其有机体“形成时期的重要性”“形成年代的重要性和久远性”“产生业务工作阶段的关键度”，则会更有助于取得合理的价值判断成果。

3. 基于“职能”因素导向的档案相对价值判断方法

档案及其有机体是围绕着有关组织的职能活动形成的，为此，职能活动的重要性无疑对档案的相对价值存在着重要影响。随着档案存在形态的日益数字化，传统意义上档案价值鉴定所要解决的“文件数量几何级数增长与人类社会有限的存储空间”之间的矛盾已经逐步化解，目前我们需要关注的新矛盾是“数字档案的质量与人们的业务需求和文化需求多样性、有效性、及时性”之间的矛盾，即人们需要有较为充分的、高品质的档案资源来满足其不断增长的业务连续性需求和文化知识性需求。档案价值鉴定工作组织对各种职能活动中形成的文件处置，更多地依赖于文档管理系统，并以“批处理”的方式来加以实现，档案价值判断已逐步走向智能化的发展道路。而这种转变的关键是要求人们在文档管理系统的设计和开发实践中，更为重视对诸如“职能重要性”“任务重要性”“事件或项目重要性”的分析与说明。那种认为现代档案价值鉴定更加“粗放”的观点是非常有害的，相反较为“精细化的职能活动分析”才是我们应当选择的正确道路。档案价值鉴定人员和鉴定工作组织，应当有能力编制和管理相关单位的“职能活动重要性分析地图”，确定各种职能、任务、事件、项目的相对价值等级，并对“地图”实施动态管理，以保证其相对合理性。

4. 基于“形式”因素导向的档案相对价值判断方法

“形式”因素是影响档案相对价值的“价值因子”之一。通过分析档案文件的内在形式、外在形式特征，可以在一定程度上帮助我们解决某些通过上述“价值因子”分析无法最终得出结论的问题。在运用这种方法的实践中，我们应注意明确这样几个问题，即“是否为首次采用的形式”“是否为独一无二的形式”“形式与内容的关联度如何”。

第二节 档案收集

一、档案收集工作的内容

档案的收集是接收、征集档案和有关文献的活动。具体讲，就是按照党和国家的规定，通过例行的接收制度和专门的征集办法，将分散在各机关、组织、个人手中和散失在社会其他地方的档案，有组织、有计划地分别集中到各有关机关档案室和各级各类档案馆，实现档案的统一领导和分级管理。

档案收集工作的内容主要包括以下三个方面：

第一，机关、企业、事业单位档案室对本单位需要归档档案的接收。

第二，档案馆对所辖区域内现行机关、企业、事业单位和撤销单位的具有永久、长期保存价值档案的接收。

第三，对中华人民共和国成立以前各个历史时期形成档案的接收和征集。

档案收集工作不是一项简单的事务性工作，而是一项政策性、业务性很强的工作。这是因为：一方面，档案收集工作具有明显的选择性。文件转化为档案是有条件的，在档案收集工作中必须严格把握这些条件，在归档和接收过程中认真筛选。档案选择是按照档案馆（室）藏范围的设计合理并全面进行的。另一方面，档案收集工作受档案形成者档案意识水平、价值观以及档案馆（室）保管条件等多种因素的制约，需要综合研究、统筹规划，提高档案收集工作的质量。

二、档案收集工作的意义

档案收集工作是档案业务管理工作的第一个工作环节，是档案馆（室）工作的起点，是档案馆（室）取得和积累档案的一种手段，在档案管理工作中处于特殊的地位。做好收集工作对整个档案工作有着重要的意义。

（一）收集工作是维护党和国家历史真实面貌的必要手段

档案馆（室）的收藏是一定地区、部门在政治、经济、科学和文化教育等方面情况的综合反映。收集工作使得档案齐全完整，内容丰富，应该补充进馆的档案及时接收进馆，并把散存在机关、组织、个人手中以及散失在各地的档案材料收集补充到档案馆（室）。档案是维护历史真实面貌的重要凭证，是贯彻执行党的路线、方针、政策的重要工具，因而收集工作的作用是十分明显的。

（二）收集工作是储存档案信息资源的重要途径

档案是重要的信息资源，它记录着人类社会实践过程中无数有用的事实、数据、理论方法、科学构思，记录着成功和失败的经验教训，人们可以从档案信息中了解和探索未来，可以继承过去的科技成果，发展现代科学技术，可以开拓人们的思路，解决各种疑难问题。

随着科学技术和经济建设的发展，社会对信息的需求量越来越大，对信息质量的要求也越来越高。作为知识载体的档案，负有重要的提供信息的使命。收集工作把大量的、丰富的信息资源储存起来，为现代化建设提供了重要的信息基地。

（三）收集工作为开展档案馆（室）各项工作，加强档案馆（室）建设奠定物质基础

档案馆要开展利用工作，没有一定数量的档案是无法进行的，而馆（室）藏不丰富、门类不全，就很难满足社会上各条战线、各种工作、各种人员对档案利用提出的各种要求。编研工作更需要有丰富的档案作为后盾。档案馆（室）其他日常工作，也必须在馆（室）藏丰富的基础上才能做得更好。档案的整理，只有从众多的档案材料中才能清楚、准确地把握档案内在的有机历史联系，才能在丰富材料基础上综观全局、全面考察、权衡利弊，提高工作效率，加快整理工作进度，为档案提供利用等工作创造条件。

总之，只有做好收集工作，才能使馆（室）藏丰富，材料齐全，为档案馆（室）各项业务建设，为提高档案工作科学水平提供必要的物质条件。

（四）收集工作促进档案学理论发展，推动档案工作现代化的实现

档案馆（室）作为党和国家保存档案的重要基地，也是发展档案学理论的重要源泉。假若档案馆（室）藏不丰富，档案馆（室）各项工作开展不充分，就不可能为档案学理论的突破和发展提供充足的实践依据。馆（室）藏越丰富，各项工作实践也就越丰富多彩，必然提出许多新问题、新要求，提供很多新情况，为档案学理论的发展打下坚实基础，推动档案学理论的发展。

丰富的馆（室）藏也是实现档案工作现代化的推动力量。要实现档案工作现代化，最基本的是要有丰富的馆（室）藏和对现代化的迫切需要。馆（室）藏丰富，利用者便如鱼得水，这无疑会对实现档案工作现代化产生重要的推动作用。

三、档案收集工作的基本要求

（一）及时、全面地把档案收集进馆（室）

档案馆（室）的收藏是否丰富，档案是否完整，是衡量档案馆（室）工作做得好坏的一个重要标志。尤其是档案馆馆藏越丰富、越珍贵，它越能为社会做出更多的贡献，越加受到社会的重视，对国家规定的应当立卷归档的材料，必须按照规定，定期向本单位档案机构或者档案工作人员移交，集中管理，任何个人不得据为己有。机关、团体、企业事业单位和其他组织必须按照国家规定，定期向档案馆移交档案。及时、全面地将属于收集范围的档案收集到档案馆（室）之中，杜绝档案的私人占有和分散保存，应该实现归档、接收工作制度化。

丰富馆藏的标准应该是：数量充分、质量优化、成分充实、结构合理。为了使档案室成为机关工作的必要条件，把档案馆建成为永久保存档案的基地和研究利用档案的中心，必须收藏足够数量的档案和资料。档案收藏的丰富性，包括数量与质量的统一要求。只顾大量收罗，而不求质量，材料再多，也谈不上真正的丰富。在强调丰富馆藏的同时，必须强调优选，馆藏处理不当，也会发生档案膨胀现象。所以，在强调丰富馆藏的同时，既要考虑到档案的数量，又要考虑到档案的质量。

（二）加强馆（室）档案来源的调查研究与指导工作

档案的来源与形成渠道是比较分散的，而档案的提供利用则要求档案集中管理。档案收集工作主要是解决分散与集中的矛盾。档案工作长期实践的经验说明，及时掌握档案分散、流动、保管和使用的情况，处理好局部和整体、当前和长远需要之间的关系，是做好档案收集工作的关键所在。加强调查研究，根据档案分散的情况和档案馆的条件，从全局出发统筹安排，进行宏观指导，是十分必要的。

档案收集工作中的调查研究、统筹兼顾，还包括研究和掌握档案形成规律和档案发挥作用的规律性，不能把档案形成单位尚在经常使用期间的档案，过早地集中起来；也不能忽视整体的需要，把需要集中的档案长期不向档案馆移交而“据为己有”，或者有的档案馆、室对移交来的档案“拒之门外”不愿接收，任其分散或遭受损失。在接收前，对确定进馆档案的单位，各级档案馆应协同档案行政部门制定相应的规定与办法，对有关单位的档案工作进行监督、指导与控制，切实帮助这些单位进一步建立与健全归档制度，提高组卷与初步鉴定的质量，做好归档与进馆的各项准备工作。同时，档案收集工作应处理好从文件形成到归档、从档案室到档案馆的档案流程周期中的各种关系，既要防止为了急于丰富馆藏，过早接收尚在经常使用的档案，又要防止把档案当作某单位的私有财产而不愿移交，使档案长期分散保存，甚至遭受损失。

总之，档案收集工作应该从全局出发，全面考虑档案的历史价值和档案的保管、使用方面的现状及客观规律，使各机关、组织具有历史价值的档案都有科学合理的归宿，使局部和整体、当前和长远的利用有机地结合起来，从而有利于维护党和国家历史文化财富的安全保管和便于提供利用。

（三）推行入馆（室）档案的标准化

档案管理的现代化是提高档案工作水平的有效途径与发展方向。档案工作的标准化，是档案管理现代化的基础。档案工作标准化，不仅为实行电子计算机管理创造了条件，而且有助于提高手工管理的水平。档案工作标准化，应该从档案收集工作开始推行。

在收集工作中如何推行档案工作的标准化，我国尚处于摸索阶段，国家档案局制定了机关档案工作业务建设规范，并就案卷封面、卷皮格式、档案装具的尺寸制定了专业标准，有的省、市统一规定了案卷验收的质量标准等。诸如此类的做法，逐渐扩展为较多的项目和较大的范围，以至全国逐步统一起来，按照标准化要求去工作，档案管理水平将会大有提高。由于文件与档案的转化关系，档案工作标准化必须从文件形成阶段开始同步推行，今后，应当在档案入馆以前，从机关文件形成阶段，对文件结构、文件用纸以及开本尺寸，书写材料的质量和书写规则以及区分全宗、分类、立卷、编目等一系列工作，都实行标准化，将会大大提高归档和入馆档案的质量。

（四）保持全宗的不可分散性和全宗群的相对完整性

全宗是一个立档单位档案的有机整体，保持全宗的不可分散性，是档案管理的一条基本原则，应贯穿于档案管理的全过程之中。因此，在档案收集工作中，必须把一个立档单位的档案作为一个全宗集中在一个档案室或一个档案馆中，不允许把一个全宗的档案人为地加以分割。如果确实需要从一个全宗中抽出部分档案另行集中应以复制件代替，原件仍应归回原全宗集中管理。接收档案时，一个机关的档案，应集中保存在一个机关档案室。一个全宗的档案不宜分散保管，不同全宗的档案也不能混杂。一个机关档案全宗中的全部具有国家和社会历史研究价值的档案，最终应集中收藏在同一个档案馆中。在档案收集活动中，对于那些在同一时间、地点和社会历史条件下保存的，既有严密分工又密切协作、相互依存的若干立档单位形成的档案全宗，档案馆应当注意维护它们之间的相互联系，并将它们集中收藏在同一个档案馆里，以保持全宗群档案的历史有机联系性。

四、档案收集工作的特点

（一）预见性与计划性

档案文件作为人类各种社会活动的伴生物，其产生和形成具有明显的分散性特点，所以必须在调查研究的基础上，科学地分析和预测其形成、使用、管理的规律和特点，才能做好档案的收集工作。此外，档案收藏部门还应坚持历史方法的原则，全面地了解和掌握本档案馆（室）主要档案用户的利用动向、特点和规律，使收集来的档案文献符合档案用户当前的和长远的利用需要。档案收集工作要有计划地、主动地进行。

（二）针对性与及时性

档案收集工作，必须根据各级各类档案馆（室）的收集档案的范围来进行，不能违反国家规定，擅自收集不属于本馆（室）收集工作范围的档案，以保证收集工作能够有目的、有重点地进行。档案收集工作还具有及时性的特点。它要求档案人员必须具有明确的时间意识，将应当接收或征集的档案及时收集进馆（室）。档案部门应当尽最大的努力，避免拖延迟误，在掌握有关信息线索的前提下，采取相应的方式，尽快将档案收集起来。

（三）系统性与完整性

档案收集工作的系统性，从横的方面来讲，就是收集来的档案在种类、内容方面应当齐全完整，同一项社会活动的档案应当是一个有机的整体。从纵的方面说，要保证收集来的档案能够历史地反映出一个地区、一个部门、一个系统、一个专业、一个单位的历史脉络。此外，在收集档案时，应充分考虑到档案的科学文化价值及其在当前的工作、生产、科研活动中所能起到的积极作用。这样才能使档案室真正成为机关、单位的参谋与咨询部门，使档案馆成为社会各方面开发利用档案史料的中心。

第三节　档案整理

一、整理工作内容

档案整理工作，就是按照档案的形成规律和特点，根据科学的理论和方法，把档案整理成便于保管和利用的有序体系的业务活动。

档案整理工作的内容主要有：区分全宗、全宗内档案分类、立卷、案卷排列和编制案卷目录。

由于档案存在状况不同，所以整理工作的内容也会出现差异。档案的整理按整理工作内容的范围，可以分成三种类型：

（一）系统排列和编目

当档案室接收的是机关各部门按照归档要求整理好的档案，档案馆接收的是立档单位根据入馆要求整理移交的档案时，档案整理工作主要是在更大范围内，根据档案存放和管理的需要，对全宗内档案进行系统排列，对案卷目录进行某些加工。

（二）局部调整

对于整理入档案馆（室）保存的档案，其中显然不符合整理要求、不便于保管利用的部分，应进行加工以提高其质量。另外，档案自身或整理体系，会随着时间的推移而发生变化，也需要进行必要的调整。

（三）全过程整理

档案馆（室）有时也接收和征集一些零散文件，或者库藏体系遭到严重破坏时，就必须进行全过程的整理工作。

二、档案整理工作的意义

（一）档案整理可以通过有效保持文件之间的有机联系，为实现档案价值创造有利条件

保存档案的主要目的，是及时地、系统地提供档案为社会各项事业服务。为了达到这样一个目的，所提供利用的档案必须经过科学的整理。没有经过整理和系统化的档案，就不能充分体现档案的历史记录的特点，不能完整地反映出各项活动的历史联系和本来面貌，就会影响以致失去档案的利用价值，不便于进一步查考研究问题。档案整理工作的基本目的，是把档案组成一个体系，通过编目使其固定下来，为利用档案提供方便条件。

（二）档案整理是开展其他档案业务活动的重要基础性工作

档案整理，不仅为档案的利用创造了方便条件，而且也为整个档案管理工作奠定了良好基础。在档案管理的诸环节中，收集工作是起点，提供利用是档案工作的目的，而档案的整理则是承上启下的关键业务。收集或征集来的档案，经过档案整理这个环节，可以进一步了解和检查档案收集工作的质量，对档案收集工

作有一定的促进作用。档案在整理过程中，往往是与档案价值的鉴定工作结合进行，而鉴定档案的价值和划分档案的保管期限，必须对档案进行全面的考察和仔细认真的分析，只有经过系统整理的档案，才能提供这种可能性。经过整理以后的案卷，是档案的保管、统计、检查的具体工作对象和基本单位，也使编制档案检索工具与编写参考资料有了主要依据。

（三）档案整理是实现档案管理现代化的要求

采用现代化手段管理档案，要求对档案实体加以整理，使之达到一定的系统化程度。例如计算机库房管理系统、编目系统都需要以档案实体的一定体系为基础，档案数字化、信息化、缩微化更要求档案原件系统有序、具有有机联系的档案达到相对集中。档案管理的现代化，也需要以档案的系统整理为基础。

三、档案整理工作的原则

档案整理工作的原则是：充分利用原有的整理基础，保持文件之间的历史联系，便于保管和利用。

（一）充分利用原有的整理基础

档案不仅记录了当时的社会活动，而且也反映了整理和保存档案的状况。整理档案时，要尊重历史和前人的劳动成果，充分利用原有的整理基础，这样有利于保持文件之间的历史联系，能够加快整理工作步伐，提高整理工作的质量。

充分利用原有的整理基础，应该做到：

1. 提高对原来整理工作的认识

对于过去的整理方法，应该采取实事求是的态度，对原有基础予以充分的重视，认真分析研究其利弊，合理部分应该继承保持下来。

2. 不要轻易重新整理已整理过的档案

一般情况下，只要不是零散文件，已经有了一定的整理基础，应该力求保持原有的整理体系，通过必要的加工整理或者其他补救措施，提高整理档案的整体水平。如果轻易把档案打乱，返工重整，费时费力，并且也很难满足利用档案的需求。

总之，原整理基础是一定时期档案整理工作水平的反映，不要轻易否定，除非原来基础太差，否则不要随意改变。

（二）保持文件之间的历史联系

文件之间的历史联系，就是文件在产生和处理过程中所形成的各种关联关系。历史联系也被称为“内在联系”或“有机联系”。档案文件虽然是以单件的个体形式陆续产生的，却是以组合的群体形式存在和运动的，因此整理档案时，必须保持文件的固有联系，才能把文件组成科学的有机体系，反映历史活动的原貌和文件之间的相互关联性。

文件之间的历史联系，主要表现在来源、时间、内容和形式等几个方面。来源方面的联系文件在来源方面的联系主要指文件是以机关及其内部组织机构或一定的个人为单位有机形成的，产生文件的单位构成文件来源方面不可分割的联系。整理档案必须保持文件之间这种固有的联系，不容许随意脱离形成单位。文件之间的历史联系是多方面的，而来源方面的联系是首要的，只有在保持文件之间来源方面联系（时间、内容、形式等方面的联系）的前提下，才能更深刻地反映文件形成单位的活动面貌，体现档案作为历史记录的属性。

1. 时间方面的联系

文件在时间方面的联系主要是指形成文件的机关、组织或个人进行工作活动时，都有一定的过程和阶段性，从而文件之间具有一定的时间联系。整理档案时，应该在保持文件来源联系的同时，注意保持文件之间的这种时间联系。

2. 内容方面的联系

文件在内容方面的联系主要指文件是机关、社会组织行使职权过程中形成的，是在解决一定问题过程中产生的。一件工作、一起案件、一项运动、一次会议形成的文件，内容上有密切联系，整理档案时必须考虑到这种密不可分的联系。在整理档案的某些程序中，文件内容方面的联系往往是最紧密的联系，整理过程中如果完全没有表现出文件内容方面的联系，那么文件来源、时间、形式等方面的联系都可能显得不密切。当然，只有在保持文件来源联系的情况下，文件内容方面的联系才更深刻。

3. 形式方面的联系

文件在形式方面的联系是指文件的形式标志着文件的特定作用，在一定程度上反映了文件的来源、时间和内容的性质，因此，文件的形式也构成文件之间一定的联系。文件的形式，包括内部形式（如种类、名称）和外部形式（如载体和记录方式）两方面。

保持文件之间的历史联系，应从以下两个方面去辩证地看待和处理。

一方面，要善于找出和保持文件之间最紧密的联系，并尽量从多方面全面保持联系。文件之间具有错综复杂和多种多样的联系，其中一些联系反映了文件最密切的联系，因而应该根据文件情况，找出和保持文件之间最紧密的联系，不能只看到文件之间的某种联系，就随意整理。同时，在整理档案的全过程中，应该力求从档案的来源、内容、时间和形式等各方面，全面地保持文件的联系，为档案的鉴定、检索和利用工作创造良好的条件。

另一方面，不能离开实际整理归档文件，简单地确定某种整理方法和评说优劣。应该根据一定的条件，如不同档案的特点，形成的不同情况等等，采取保持文件联系的不同方法。另外，要从整理工作的各个环节和各个方面，全面考虑是否保持了文件的联系，不能只从某一个方面孤立地看待是否保持了文件的历史联系，不要把某种联系理想化和把某种整理方法绝对化。

（三）便于保管和利用

整理档案时，注意利用原有的基础，保持文件之间的历史联系，以便于保管和利用。但是有时保持文件的联系和便于保管利用又不一致。例如一次会议的文件，有纸质的，也有胶片、磁带的；有机密性的，也有可以公开的；有永久保存的，也有长期、短期保管的等等。如果单纯强调保持文件之间的历史联系，全部混同起来进行整理，显然不便于保管和利用。因此，当整理档案时，如果保持文件之间的联系和便于保管利用发生矛盾，就不能机械地运用保持文件联系的原则，还要充分考虑档案保管和利用的方便。对于不同种类的档案，记录方式、载体材料、机密程度和保管价值等显然不同的文件，应该根据情况分别整理，恰当组合，在相应的范围内保持文件最优化的联系。

为了便于理解整理工作的原则，我们把它分成上述三个层次加以阐述。实际上这三个层次是互为一体的，三者都不可偏废。

第四节　档案保管

随着信息社会的到来，作为各种社会实践的历史记录的档案，发挥着越来越大的作用。然而，由于时间的推移，在内外部各种因素的影响和作用下，档案不可避免地面临着种种被损坏的威胁。如何确保档案完好地“客观存在”，成为我们在谈档案的开发与利用之前首先要解决的问题，档案保管便成为档案工作的重要环节。档案保管是指在了解和掌握档案损坏规律的基础上，以一定的物质条件为保障，以日常性工作和专门的技术措施为手段，对档案进行保护和管理，以维护档案的完整与安全。科学有效的保管工作，将为整个档案工作的开展提供最起码、最基本的物质保障；反之，保管工作不到位，“巧妇难为无米之炊”，档案一旦遭受损害，档案工作就失去了最根本的物质前提，档案的价值和作用将无从谈起，整个国家和社会都将为此付出沉重的代价。

一、档案完整与安全的威胁因素

由于时间的推移和各种因素的影响，档案不可避免地面临着种种被损坏的威胁，从原因产生的根源来看，损害和破坏档案的因素主要包括外部因素和内部因素。

外部因素又可分成人为因素和自然因素，其中，人为因素表现在：第一，由于政治斗争等特定的需要，人们为了维护自身或者本组织、本阶级的利益，有意识、有计划地破坏、损毁档案，以使其价值和作用无法发挥；第二，因管理和使用不善，而产生的本可以避免的对档案的损害，比如档案工作者麻痹大意、不遵守规章制度或档案保护意识不强等，使档案实体受到损坏、档案内容被泄露。自然因素表现在：一是在档案的存放和提供利用过程中，因时间的推移，外部环境的变化，档案难以避免地发生被损坏的现象，如不适宜的温湿度、光线、灰尘、虫、鼠等；二是一些不可抗拒的突发自然事件，往往对档案损害较大，比如洪水、地震等自然灾害对档案的损毁。

内部因素主要是指档案自身，包括档案的制成材料，如纸张、胶片、磁带磁盘等载体材料，也包括墨水、油墨等书写、印刷材料，这些材料自身的寿命直接影响了档案的寿命。现代社会电子文件大量产生，电子文件自身的特性决定了对其的保管更具复杂性，也更加重要。对电子文件的妥善保管，是确保电子文件真实、完整、可读的基本手段。

在档案保管中，上述因素有些是可控的，有些是难以控制的。对于可控的因素，应该尽可能地杜绝和减少；对于不可控的因素，应事先制定应急预案，防患于未然，将损失降至最低。

二、档案保管工作的任务和内容

在现代社会中，档案的价值和作用是其他信息资源不可替代的，档案的形成和存在又是一个不可逆的过程。可见，档案长久保存和利用的需求，与档案的完整和安全所面临一系列的矛盾，决定了档案保管工作的任务和内容。

（一）档案保管工作的任务

档案保管工作的根本任务是建立确保档案安全保密的档案安全体系，维护档案的完整与安全，主要体现在：

1. 最大限度地防止和减少档案的损毁，将威胁因素带来的不良影响降至最小

针对档案自身的特性和可能导致档案损坏的种种因素，我们应该通过整体日常维护和有针对性地采取专门档案保护措施等手段，为档案的保存和提供利用创造良好的环境，形成合理的工作制度，消除或降低各种因素对档案保管的不利影响。

2. 延长档案的寿命

根据档案的价值和作用不同，档案的保管期限不同，有些需要定期保管，比

如10年、30年，有些需要永久保存。不同载体的档案有一定的寿命，纸张、缩微胶片、光盘磁盘、电子文件等档案载体寿命的有限性，决定了档案寿命的有限性，为了满足“无限”的档案利用需求，需要尽可能地根据不同载体的特点延长档案的寿命。在馆（室）藏档案中，对于保存状态尚好的档案，不可大意疏忽，要定期检查；对于已经不同程度被损坏的档案，应该采取相应的措施，及时进行修复。

3. 确保档案的安全

在档案保管工作中，确保档案的安全包括档案实体的安全和档案内容的安全。实体安全是指档案实体完好地存放在指定的位置；内容安全是指档案的内容没有被泄露。档案实体安全是档案内容安全的基础，没有实体安全，内容安全就无从谈起。但是，档案实体安全并不意味着档案内容一定安全，比如通过复制、拷贝等方式泄露档案信息，尤其是在电子文件环境下，档案内容安全面临着更大的威胁。在确保档案安全的过程中，上述这两个方面缺一不可。

（二）档案保管工作的内容

基于档案保管工作的任务，档案保管工作的内容涉及以下几个方面：

1. 正确认识和全面把握档案的安全现状和破坏档案的各种因素

档案的安全现状和破坏档案的各种因素直接影响着档案保管工作的内容。首先，正确认识档案的安全现状包括了解馆（室）藏档案的进馆（室）前后的保管措施、保管过程、有无损坏、损坏程度如何等，以便于确定今后的工作目标和工作内容；其次，破坏档案的因素多种多样，表现形式不一，对档案损坏的过程和损坏程度不同，只有全面把握威胁档案安全的各种因素的特点、表现形式，工作才能有的放矢，有针对性地将各种因素对档案的破坏降至最小。可见，正确认识和全面把握档案的安全现状和破坏档案的各种因素，是对工作对象和工作先天影响因素的深入剖析，回答了“管什么”“为什么管”的问题，是档案保管工作有效开展的前提。

2. 制定和完善档案保管的各项制度和标准

制度是要求大家共同遵守的办事规程或行动准则。制定关于档案保管工作的制度，有利于档案工作者和档案利用者规范自己的行为，明确在档案保管和利用过程中应该做什么、如何做，有何责任和义务，避免人为原因造成的对档案的损害，最大限度地保护档案。标准是对重复性事物和概念所做的统一规定，它以科学、技术和实践经验的综合为基础，经过有关方面协商一致，由主管机构批准，以特定的形式发布，作为共同遵守的准则和依据。档案保管工作标准有利于工作的规范化，有助于降低工作成本，减少工作中因人而异产生的对档案保管的变化，有利于为档案保管创造最佳的条件和环境。在档案保管工作中，从国家层面到地方各级各类档案馆（室）应形成完整的档案保管工作制度和标准体系，以实现档案保管工作的标准化和规范化，维护档案的完整与安全。

3. 提供档案保管的基本物质条件

档案安全、妥善的保管，离不开基本的物质条件。基础物质条件的好坏，直接影响着档案的寿命。良好的物质条件保证，有利于档案的长久保存；反之，恶劣的物质条件，直接危害着档案的安全。确保档案妥善保管的基本物质条件包括档案库房、档案装具、档案保管的设备、档案包装材料等，这些条件要满足有利于档案长久保存的原则、规范和标准。不同载体的档案，如纸质档案、胶片档案、磁性载体档案、光盘档案、电子文件等材料和形成原理不同，影响其耐久性的因素不同，因此，在保管中对档案库房、装具、设备等基本保管条件也存在较大的差异，尤其对于电子文件，如何在保管中确保其长期可读、可用，已成为档案保管工作的新内容。

4. 日常的档案保管工作

档案保管是一项持续不间断的日常工作，且需要以细致、认真的态度来对待。在做好上述工作的同时，还有大量的工作需要我们 365 天×24 小时不间断地持续开展。从工作内容来看，日常档案保管工作包括防盗、防水、防火、防潮、防尘、防鼠、防虫、防高温、防强光、防泄密等，我们称之为“十防”；从工作地点来看，日常档案保管工作的内容包括档案库房中的保管和档案库房外的保管，在库房外的保管又可分为在流通传递中的保管和在利用中的保管。在库房中的保管，主要由档案工作人员来完成，而在库房外的保管，则需要档案工作人员和档案利用者共同来实现，因此，使利用者同样以“爱惜”的态度科学合理地利用档案也是日常档案保管工作的重要内容。日常档案保管工作繁杂琐碎，但又是档案保管的基础性工作，因此，需要档案工作人员精益求精、细心、耐心地来实现。

5. 开展有针对性的档案保护工作

采用专门的技术和方法对受损程度较大、有重要价值的或其他急需修复的档案进行保护，延长档案的寿命，这是档案保管工作的一项重要内容。

对档案产生破坏的种种因素中，虽然有些因素我们是难以控制的，但我们可以采取相应的保护措施，利用先进的技术，将损失降到最低。比如，通过纸质档案修裱技术能帮助一定程度破损的档案恢复原貌，已成为抢救档案的一项不可缺少的且具有中国特色的专门技术。这些专门的保护措施专业性较强、技术性较强，且细微细致，需要专门的人才，需要大量的财力、物力的保障，但它在延长档案寿命、保护人类文化历史遗产等方面发挥着重要的作用。因此，每个档案馆（室）在做好日常保管工作的同时，应根据馆藏状况，将有针对性地开展档案保护工作纳入档案保管工作的整体规划。

三、档案保管工作的要求

档案保管工作的要求，是完成工作任务的指导和保障。具体工作中，我们将档案保管工作的要求概况为“三结合一区分”，具体表现为：

（一）防、治结合，以防为主

档案是人类文化遗产的重要组成部分，保护好档案是延续人类文明、造福子孙后代的重要工作。防和治是档案保管工作中最直接的两种具体要求。“防患于未然”，使档案不受或者少受损害，可以降低保管工作的总体成本，确保档案保管工作的有效性，是我们的首要责任。建立和完善科学合理的工作制度，创造良好的环境，从档案的形成源头加以规范，加强日常保管工作等都是防止档案遭受破坏的具体表现。“防”是确保档案安全最基本、最主要的工作要求。“治”是恢复档案原貌、延长档案寿命的有效措施，但也是一种“不得已而为之”的办法，它针对的多是已经受到破坏的档案，是一种弥补性的措施。但是，很多档案，一旦遭受破坏，便是不可“治”的，比如大量无法读取的电子文件，很难通过有效的措施来还原。因此，档案保管工作中，防、治要相结合，且应以防为主。

（二）针对重点与兼顾全面相结合

数量巨大的档案馆（室）藏档案与有限的人力、财力、物力资源形成了档案保管工作中的主要矛盾。要实现资源的合理配置和有效利用，必须针对重点与兼顾全面相结合。保管工作中，在明确总体工作目标，认清工作任务的基础上，确定工作的优先级，确定不同时期的不同工作重点和所要解决的问题，要顾全工作的整体进展，而又有针对性地重点解决问题。在“兼顾全面”的基础上“针对重点”，保管工作才更具生命力；在“针对重点”的基础上“兼顾全面”，保管工作才能螺旋上升。

（三）管理与技术相结合

档案保管工作要有效开展，管理和技术二者缺一不可，二者从不同层面上维护着档案的安全和完整。管理和技术在应对威胁档案安全的不同风险因素中，各自发挥着不可替代的作用。比如：由于人为因素对档案造成破坏的，需要靠管理制度来约束，单纯的技术是难以发挥作用的；而对于不可控的自然因素对档案带来的破坏，必须利用先进的技术来应对。因此，片面强调管理，或者片面强调技术都是不科学的。同时，无论是管理还是技术，都不是一成不变的。管理的理念、方式需要不断科学化、合理化，技术手段需要不断现代化，以确保管理和技术成为档案保管工作科学发展的双翼。

（四）不同的档案，区分保管

在档案保管中，不能采取“一刀切”的模式来管理全部档案。为了实现对档案的合理保管，对于不同价值的档案应区别对待。在保管工作中，所谓不同的档案，主要是从档案的保存价值、保管期限以及载体等方面加以区分的。区分保管不同价值、不同保管期限的档案，有助于实现档案保管工作稳定有序的开展。尤其是随着社会科学技术的飞速发展，不同载体的档案大量产生，不同载体记录信息的结构、原理不同，其保管要求也各不相同。因此，不同载体的档案，也应区分保管。

第三章　专门档案管理

第一节　专门档案

一、专门档案概述

（一）专门档案的概念和名称

关于专门档案的定义，还没有统一的、规范的提法，目前主要有以下几种提法。

（1）专门档案亦称专业档案，是某些部门在从事一定专业活动中形成的档案。同普通档案相对，专门档案是专业活动的记录，是档案的重要组成部分，如会计档案、人事档案、专利档案、外交档案、审计档案、军事档案等。非纸质档案另有独特的管理方法，如声像档案、磁带档案等。（2）专门档案是指在某些专业范围内产生，有比较稳定的文件名称、格式和形成规律，有各自的整理和管理方法的各种门类档案的总称。（3）专门档案是指由专业机关或部门在自身业务活动中形成的反映本业务活动内容的有一定价值的大量同类专用文件。

（二）“专门档案”不同的解释

专门档案是档案门类中最为复杂的档案，它种类繁多，有独特的对象、范围和管理方法。

从整体来看，各种专门档案有许多共同点，分析和研究专门档案的基本特性，可以为我们区分档案种类、科学管理专门档案提供一些基本的依据和方法。

“专门档案”一词早就出现了，但历来没有统一的、科学的定义。仍然存在着不同的看法和各种各样的解释。主要有以下四个方面的问题。

第一，没有明确的概念。长期以来，人们对专门档案缺乏整体研究，没有形成比较明确的概念。概念不清造成了实际工作的混乱，有的地方把专门档案视为非纸质制成材料形成的档案，也有的地方把某一专业活动中形成的业务性文件材料称为专门档案。对于同一类档案，有时叫专业档案，有时又称专门档案，专业与专门部分概念模糊。

第二，没有统一的标准。建立各种专门档案要按统一划分标准进行，这样才能区分类别，分清范围，不至彼此混淆。但是，过去建立专门档案，由于划分标准不一，把一些档案翻来覆去地多次分类，使得专门档案愈分愈多，愈来愈乱，各种各样的档案不下数百种，使人目不暇接。比如，有的从档案的来源上划分专门档案，有“学术团体档案”“出国组团档案”等；有的从档案的内容上划分专门档案，叫“农村经济档案”“接待来宾档案”等。往往把某种文件材料，不论其条件具备与否，就冠以一种新的档案名称，如“中国新诗档案”“文物档案”等，不知所云档案究竟为何物。这么多种类的档案，姑且不论档案的一般条件，即使需要归档，也不一定就是一种专门档案。如果不按统一标准划分了如此多的专门档案，相互之间又是交叉重复，同一文件将不知归属于何类档案，这会给实际工作带来很大困难。可见，建立专门档案应持慎重态度，一定要经过周密的考虑，明确一个统一的标准。

第三，没有规范的名称。许多专门档案不仅在概念上是模糊的，而且名称也不规范，同一种档案有多种名称，如“企业经济档案”“企业管理档案”“经营信息档案”等，各叫各的名称。而且，有的名称也不科学，如“财务档案”“财会档案”等。档案的命名与归档文件材料不相符合，也在一定程度上影响了档案门类的划分，使专门档案显得比较混乱。

第四，没有特定的对象。每一种专门档案都应该有特定的对象，即有很明确的归档范围，并且是由一组特定的专门文件材料组成。然而目前出现的一些专门档案是先有名称，然后才划定该类档案的特指对象。在划分文件材料归档范围时，往往把专门文件材料的范围加以扩大。一种专门档案不仅包括本单位或本部门所有文件材料，还将所有反映本专业活动内容以及与此相关内容的各种形式的文件材料均纳入该专门档案范围。专门档案从档案的来源、内容到形式几乎无所不包，好像只有这样才能反映出专门档案的完整性和成套性，以此来增加专门档案的数量。这样，使专门档案与普通档案（亦称文书档案）在归档范围上交叉甚多，每建立一种专门档案，就要把普通档案的许多材料，如上级领导有关该专业活动的指示、批复等文件，从普通档案中抽出，划归专门档案，使普通档案残缺不全，人为地造成档案管理上顾此失彼现象。

以上四点反映了专门档案虽有多年历史，而且发展也快，逐步改变了原来只有“文书档案”单一种类的局面，是可喜的一面，但是，由于对“专门档案”缺乏整体研究，长期以来没有明确的概念，使新建立起来的种种档案缺乏理论根据，在实际工作中一个个问题接踵而至，如不改变这种状况，实为可忧。这是档案学基础理论研究中最为迫切的一个问题，档案理论工作者和实际部门的同志应予以高度重视。

（三）专门档案的构成条件与特点

从理论上讲，某类“专用文件”，凡符合归档条件者，即有可能成为一种专门档案。但是，在实际工作中，因条件所限，不可能也无必要都将其作为专门档案对待。专门档案应该有固有的构成条件和特性。

1. 构成专门档案的条件

构成专门档案需要有一定的条件，这些条件也可以成为构成要素，其实这也是专门档案的特点。

那么，构成专门档案的条件是什么呢？主要有下列四点。

（1）形成于一定的专业机关或部门

构成专门档案的那些文件都是在专业机构或部门的一定专业领域内形成的，比如司法机关的诉讼档案，公证机关的公证档案，工商行政管理机关的工商企业登记档案、商标档案都是根据其特有的职能而形成的，是别的机关所没有也不可能有的。人事档案、会计档案虽然绝大多数单位都有，但也是形成于各单位的人事管理部门与财务部门，也是特定的部门形成的。当然，专业机关形成的不一定都是专门档案，专业机关也有文书档案。

（2）文件的内容、形式、功能、处理程序和管理方法有鲜明特点构成专门档案的那些专门文件，其内容、形式、功能、处理程序、管理方法与普通的行政公文有明显不同，一般都有专一的内容、特殊的形式、固定的格式和严格的办理程序。

(3) 有一定数量

专业机关形成的专门档案一般都有一定的批量。有些机关部门的专门文件虽然从内容和形式讲符合专门档案的条件，但数量少，没有稳定的来源（如某些一次性调查），就不必作为专门档案单独保存，从这个意义上讲，专门档案具有相对性。

(4) 具有可分性，即可操作性

一个单位的文书档案、科技档案、专门档案是有一定联系的。目前所说的“专门档案”，有的和文书档案、科技档案界限清楚，很容易划分；有的则界限模糊，很难分清。是否可以明确地分解出来，也应该成为是否构成一个门类的专门档案的一个辅助条件。

2. 专门档案的特点

(1) 特殊性

与普通档案相比，专门档案的特殊性表现在以下两个方面：

①特殊的文件处理程序

归入专门档案的文件材料往往是本业务活动中产生的，其形成、承办、结束以及保存和利用等过程都是在本业务部门完成的，一般都不经过机关的收发文登记，从文件的作用、内容和形式上看，都与本业务密切联系，而与其他方面并无多大关系，这是专门档案的突出特点。

②特殊的文件形式

专门档案与普通档案相比，在文件的形式上又有很大的区别。归入普通档案的文件绝大多数是按照通用的公文规格和格式形成的，而专门档案基本是按照工作需要由特定的规格、格式文件形成的。每一种专门档案都有各自特殊的形式，即使同一种专门档案也分几种不同类型的文件，其大小尺寸也不尽相同。比如，会计档案中的报表、账簿、凭证等专用文件与普通档案的文件在形式上是完全不同的。

（2）单一性

就一种专门档案来说，它的文件材料相对来说是比较单一的，单一性体现在：

①单一的来源

专门档案是在一个专业主管单位或部门中集中形成的，这样的文件材料在非本业务部门并不通用。如人事档案是在组织人事部门形成的，宣传报道档案是新闻出版单位形成的，经济合同档案是合同审批机关集中保存而形成的。应该明确，专门档案只能是在一个单位或一个部门集中保存该类专用文件的情况下形成的。当然，也不能把一个单位或部门的所有档案都看成是专门档案，组织人事部门的档案不全是人事档案，财务部门的档案不全是会计档案，它们还同时形成另外一类档案，即普通档案。

②单一的内容

专门档案反映的是本专业活动内容，从内容上看，专业性很强，是比较单一的，不像普通档案包罗万象。但是，需要注意的是，在业务活动中形成的文件不一定全是反映本业务内容的，有时也有综合性的内容。尤其要注意，虽然是反映本业务内容的文件，却经过一般的通用公文处理程序，属于通用文件，这是普通档案，绝不能划归专门档案。专门档案必定是反映该专业活动内容的，但反映该专业活动内容的不一定就归属于专门档案，这也是为什么要把这种档案叫“专门档案”，而不叫“专业档案”的原因。

③单一的形式

专门档案的种类虽然很多，每一种档案也有几种不同的形式，但从总体上看，专门档案的文件形式是特定的，不像普通档案包揽一切。从某种意义上讲，专门档案的文件形式是从普通档案中分离出来的，分离的原因是这类文件有特殊的形式、固定的格式、严格的规定，因而在管理上有着与普通档案不同的要求。分离出来后，同一种文件按照统一格式和规定集中起来，就使得同类档案在形式上一致，与普通档案相比就显得单一化了。

（3）同类文件数量多

这是专门档案的又一突出特点。同一种比较特殊的文件只有在一定时间内某一单位和部门集中产生，积累到一定数量后，方可成为一种专门档案。比如，人口普查档案，同类文件数量很多，专门性又强。再如，婚姻登记档案内容单一，比较简单，但数量很多，在民政局婚姻登记部门，每年要进行成千上万对婚姻登记，形成大量专用文件，不能不构成一种专门档案。反之，如果数量很少，虽专门性很强，却也并非作为专门档案单独管理。因为没有实际意义，不如不分，这是从现实出发的。划分档案种类是为了便于按不同特点和要求，进行科学管理。如果没有一定的数量，就形成不了自己的特殊要求，也就没有必要单独划类。过去，很多专门性的文件材料因数量不多，与普通档案一起分类、整理，当然也是按照文件材料的内在联系分门别类的，只是没有作为专门档案罢了。实践证明，这也是可行的。随着事业的发展，同类文件材料数量急剧增加，为了满足管理和利用的需要，就不得不建立独立的专门档案。由此可见，专门档案的形成条件成熟与否，在很大程度上取决于该类文件材料的数量。

二、专门档案的管理

（一）专门档案需要单独保管

在如何管理专门档案这个问题上，也是需要做一番研究的。过去，许多单位的档案室保存的主要是文书档案，档案门类单一，发展不平衡。档案室的工作人员只有管理文书档案的经验，而对现在不断出现的专门档案，既缺乏专业知识，又不懂专门档案的特点和要求，这不能不说是一种缺陷。应该看到，专门档案在专业性比较强的单位或部门往往是比较重要的档案，是本单位或本部门所有档案中的主体，如研究院（所）档案主体是科研档案，工业企业单位档案主体是技术档案，学校档案主体是教学档案。一个专业性较强的单位，其档案主体往往是本专业活动中形成的专门档案，毫无疑问，应该把它纳入档案管理之中。在有多种门类档案的单位里，专门档案的管理仍然按照全宗原则实行集中统一管理。专门档案是集中形成于一个单位或一个部门的，虽有一定的特殊性，但其与本单位、本部门的普通档案总有着某些内在联系，其虽有各自特性，但都是一个单位各项工作活动的记录。业务活动与行政管理、会计、统计、人事等工作构成了一个整体，反映了一个单位的全貌。人为地放弃这些联系，而去强调不同单位的一种专门档案的整体性和成套性，就会使一个单位的档案整体被分割开，反而不便于档案的管理和利用。所以，专门档案不要另立全宗，全宗理论同样适用于专门档案的管理。

（二）专门档案管理遵循的基本原则

1. 专门档案必须集中统一在本单位综合档案室管理

我国档案工作的基本原则是实行档案的集中统一管理。专门档案是国家全部档案的一个组成部分，也是现行机关、团体、企事业单位、大专院校等机关单位档案的组成部分，必须实行统一管理。这里还要指出的是，专门档案无论是会计档案、审计档案还是土地管理档案都具有整体性和成套性的特点。从宏观上讲，集中统一管理国家的全部档案，集中统一管理一个机关单位的全部档案，这是我国档案工作的基本原则和管理体制。必须依据档案工作共同的管理法规、标准、规范，针对不同门类档案的特殊性，将各种门类档案集中起来统一管理。虽然专门档案具有整体性、成套性的特点，但管理的具体方法各异。专门档案应该实行集中统一管理，这是由国家的性质和社会制度决定的，应该归国家和人民所有。各种专门档案是由各单位业务部门在其工作中形成的，办理完毕必须归本单位的综合档案室。虽然一个单位的全部档案是一个不可分割的整体，各种专门档案属于这个整体的一部分，但需要长远保管的档案在本单位保存一定年限后，应统一向当地有关档案馆移交，不得任意转移、销毁。从微观上讲，各种专门档案在本单位应该有统一的科学管理方法。其中最主要的是专门档案形成前身的文件材料的积累和归档要纳入本单位的规章制度中，纳入档案综合管理程序和工作计划中，要使领导重视，全体工作人员有一定的档案意识，使每个工作人员养成良好的工作习惯，处理问题有依据，处理过程有记录、有统计数据，处理结果有总结。

2. 维护专门档案的完整与安全

维护专门档案的完整与安全，对专门档案有着十分重要的意义。所谓“完整”，是从数量的意义讲，就是要使专门档案收集齐全，不能残缺不全；从质量上讲，就是要保证专门档案的准确、系统，不能与客观实际相抵触，更不能任意割裂分散。所谓“安全”，一定要保证专门档案的真实、可靠，改善专门档案的保管条件，进行科学的管理，方可延长专门档案的使用寿命，避免其遭到不应有的损失。

专门档案，特别是房地产档案、土地管理档案、合同档案、诉讼档案等，若不完整、不准确、不系统，不仅影响使用，甚至有害，造成假象，引出错误结论，造成与事实不符的冤假错案，给个人、集体、国家甚至国营企事业单位造成不应有的损失，给人民生活带来困难。

总之，集中统一管理各种门类档案，维护各种门类档案的安全、完整，采用现代化技术和科学方法保护和修复好专门档案，尽最大努力延长专门档案的使用寿命，是各种门类档案工作的共同目标和任务。

（三）编制类目

管理好专门档案难点是如何分类，制定分类大纲（方案）。首先要搞清分类概念。分类大纲（方案）就是用文字或图形列举专门档案分类的类和属类之间的关系，概括各个类和属类所包括的档案内容和范围，用来指导专门档案划分类和属类，这些是针对档案实体而言的。分类大纲是用来划分档案、专门档案的一种工具，也就是标明各个类别名称，表示全宗内档案分类体系的纲要。编制分类大纲的目的是利用分类大纲指导机关单位档案划分类和属类。其作用是对档案的实体进行控制，对档案内容进行检索。

1. 类目的实际运用性

专门档案类目的实际运用性表现在分类时应遵循专门档案的自然形成规律，最大限度地保持专门档案文件来源、产生的时间和内容诸方面的历史联系。掌握同一级类目划分后应按同一标准进行组卷。这里要说明的是，分类大纲是用来划分档案的一种工具。通过分类大纲的制定，来管理立档单位全部档案实体。因此，立档单位编制的分类大纲要符合本单位的实际情况，能够把本单位所形成的全部档案包括在内，在执行几年后，可以根据实际工作的需要扩充或减少类目。

2. 类目的科学系统性

在整理专门档案前必须选择科学实用的分类大纲，其原因是不同的立档单位担任的职能不同，形成档案的种类、数量、重要程度都不相同。因此，必须从实际出发，按照形成档案的类别选择科学合理的类目。必须指出，大类和属类的概念一定要明确，含义要清楚，分类级别要分明，归类要准确，类目之间既不能重复、相互交叉，又不设空类，从而使全宗档案类目的设置能够反映立档单位活动的全部实际情况。分类大纲在实用的基础上要求具有科学系统性。

3. 类目的相对稳定和科学适用性

一个全宗内档案的分类方案一旦确定，制定出分类大纲，应该始终保持前后一致，没有特殊情况，不轻易改动分类大纲。这是因为制订分类大纲是在对全宗档案科学管理的基础上，经过充分研究，反复推敲后制定出来的，全宗内档案的整理、编目、排列、统计及编制检索工具等都要依据分类大纲进行。分类大纲制订后，尽量保持稳定，但使用几年后，若整个全宗内容有所增或减，那么分类也随之有所变动，有的单位由于职能转变、机构合并或撤销，其档案分类方案变动较大，甚至根据新内容重新制定新的分类大纲，有的单位只是局部微调整即可。

4. 类目的保证性

类目的保证性是指每个子类下必须有一定数量的案卷，通常不设空类，就是子类下不能没有案卷。例如，房地产管理所档案是县、市级房地产管理所在各项活动中形成的全部档案的总称。其分类大纲设置有党政类、房地产管理类、基建设备类、财务管理类。每个大类下设属类、子类，每个子类必须有案卷组成，保证类不虚设，类是实体组成的，绝不能设空类。

专门档案和其他档案大同小异，也是人们在社会实践活动中形成的，记述和反映了国家政治、经济、科学技术和文化的真实面貌，它是机关或企事业单位所形成全部档案的一个组成部分，必须实行集中统一管理，进一步从宏观管理上调整和理顺档案的管理体制，完善各种门类档案的管理制度，使专门档案的管理更加规范化、条理化、科学系统化。

第二节　人事档案

一、人事档案的收集和鉴别

（一）人事档案的收集

1. 人事档案的归档

（1）人事档案材料的归档范围

做好收集工作，首先应明确收集什么。人事档案材料的归档范围包括调配、任免、考查考核材料，录用材料，办理出国、出境材料，各种代表会材料，工资待遇材料，学历和评定岗位技能材料，职称材料，加入党团组织材料，政审、考核材料，奖励与处分材料，履历、自传、鉴定材料，科研材料，残疾材料，其他材料。

（2）归档要求

①办理完毕的正式文件材料。②材料必须完整、齐全、真实、文字清楚、对象明确，写明承办单位及时间。③手续完备。凡规定应由组织审查盖章的，需有组织盖章；凡需经本人见面或签字的，必须经过见面或签字。④档案材料需统一使用 16 开规格的办公用纸。不得使用圆珠笔、铅笔、红色及纯蓝墨水、复写纸书写。除电传材料外，一般不得用复印件代替原件归档。⑤对收集的人事档案材料在半个月内归入档案袋（盒）内，每年装订入卷归档一次，不能长期散在外面和卷外。

2. 人事档案材料的收集渠道

人事档案材料的形成不仅仅局限于组织、人事、劳动部门，凡是与人事管理活动有关的部门都有可能产生人事档案材料。摸清人事档案材料的来源，做到“有的放矢”。当前，人事档案材料主要通过以下渠道收集。

通过组织、人事、劳动（劳资）及其他人员管理部门收集各种履历表、登记表、自传、鉴定、考核、考绩、任免、招聘、录用、“以工代干”转干的材料；评聘、晋升、套改专业技术职务（职称）和评定工人岗位技能的材料；授予学位、学衔、军衔的材料；审计工作中形成的有关材料；出国、出境、办理工资、调整级别待遇、离休、退休的材料。

通过员工所在党、团组织，政府机关，企业、事业单位的有关部门收集员工入党，民主评议党员、退党、退团、除名及参加民主党派的有关材料；授予各种荣誉称号的先进事迹和奖励材料；有关政治历史问题的审查、甄别、平反结论、调查报告和本人的申诉、检查交代材料；更改姓名、年龄、参加革命工作时间、入党入团时间、申请书和组织审批材料。

通过纪律检查部门、行政监察部门、保卫部门和公安、司法、检察部门收集员工违犯党纪、政纪、国法所受的党内外处分及撤销处分的材料、刑事判决书等。

通过科技、业务部门、学校和培训部门收集反映员工业务能力的科技发明、论著的篇目，业务考绩、成果、贡献评定、学习成绩、学历、鉴定、奖励、处分等材料。

3. 建立和健全收集制度

（1）移交制度

人事档案部门应建立和健全移交制度。档案管理部门应和材料形成部门确定材料送交范围、送交时限、送交份数及送交方式。例如，各单位党团组织与同级组织、人事、业务部门应移交干部任免、调整职级、配备领导班子、专业技术职务评聘资料，评定工人岗位技能、考核考查以及调入院校学习或培训的材料。县团或相当于县团级以上党代会、人代会、政协会和工、青、妇等群众团体会议的代表登记表、委员简历、政绩材料等均应及时归入人事档案。保卫部门对员工的政治历史问题已弄清并做出结论后，应将结论、决定及有关重要材料送人事档案部门归档。纪检、监察部门应将有关员工奖惩的决定及重要材料送人事档案部门一份，归入人事档案。

（2）索要制度

在人事档案工作中，不能完全坐等有关单位主动送材料上门，要常与有关部门保持密切联系，定期（季、半年、1 年）或不定期索要应归档的人事档案材料。对于迟迟未交者，应及时发函、打电话或登门索要，做到嘴勤、手勤、腿勤。

(3) 检查核对制度

人事档案部门对所管人事档案数量的状况应定期（季度、半年、1 年）进行检查核对，将不符合归档要求的材料退回形成单位重新制作或补办手续；不属人事档案范围的材料，予以剔除或退回原单位处理；发现缺少的材料，应填写补充材料登记表，以便有计划地进行收集。

(4) 补充制度

组织、人事、劳动（劳资）等部门根据工作需要和档案材料的缺少情况，统一布置填写履历表、登记表、鉴定表、自传等，使人事档案及时得到补充。

4. 新时期人事档案材料收集的重点

(1) 反映工作能力、成就贡献、工作实绩的材料

考核工作中形成的登记表、民主评议、鉴定材料；评聘专业技术职务（职称）的任职资格申报表、专业技术职务考绩材料，聘任专业技术职务（职称）审批表、登记表、创造发明和技术革新的鉴定、评价材料，论文和著作目录；党内外奖励及授予英雄、模范、先进工作者等各种称号的事迹材料。

(2) 反映学识水平和智能结构的材料

学员登记表、学习成绩登记表、毕业登记表、学习鉴定、授予学位的材料、学历证明、培训结业登记表。

(3) 反映政治思想的材料

贯彻执行党的路线、方针、政策，遵纪守法的材料；反映革命事业心、党性原则、道德品质、思想作风的材料；员工在国外、境外的鉴定材料。

(4) 反映员工身体状况的材料

新近体检表、健康鉴定、伤残证明、确定伤残等级的材料。

(5) 反映廉洁奉公的材料

反映廉洁奉公的材料包括员工个人的审计报告或审计意见材料、离任审计考核材料等。

（二）人事档案的鉴别

1. 鉴别工作的原则

鉴别工作的政策性很强，必须遵循“取之有据，舍之有理”的原则。取之有据是指归入人事档案的材料要有依据，符合上级的有关规定。舍之有理是指决定剔除材料，要有足够的理由，尤其是对待准备销毁的材料更须十分谨慎，不能武断和草率。人事档案是培养、选拔职工的依据，有时一份材料会影响一个人的使用。因此，应以高度负责的精神，慎之又慎地决定材料的取舍。

2. 鉴别的内容和方法

（1）判断材料是否属于人事档案

通过各种渠道收集来的材料，由于种种原因，有些属人事档案，有些属文书档案、案件档案、业务考绩档案、诉讼档案等，有的材料应该归档，有的应由本人收存，有的需转递有关部门。鉴别工作的任务之一就是把不属于人事档案归档范围的材料剔除出去。

从党团组织收集来的入党入团志愿书、申请书、转正申请书、本人的政审材料、党团员登记表、优秀党团员事迹材料等属于人事档案范围。讨论入党入团的会议记录、个人思想汇报、审批通知书，未被批准的入党入团志愿书、申请书等由所在党组织保存。

从纪检、监察和行政管理部门收集来的处分决定、结论、批复、本人对处分决定的意见和检查交代材料属于人事档案范围。本人申诉材料、旁证、检举揭发材料属于案件档案范围，由纪检、监察部门保存。

从专业技术单位和学校收集来的评聘专业技术职称的申报表、审批表、考绩材料，发明、创造、革新成果登记和论著目录，受奖材料，学位学衔材料，毕业登记表，学历证明，考试成绩单（册）等属人事档案范围。著作、论文、译文、技术革新与创造发明体会等属科技人员业务考绩档案范围。入学通知、试卷等由学校和培训部门保存。毕业证书、学生证、受奖证书等由本人保存。

从组织、人事、劳动部门收集来的干部职务任免、员工录用、聘用、招用、职级待遇调整、更改姓名、参加工作时间等的登记表和审批材料等属于人事档案范围。干部任免、职级待遇调整的请示、批复、命令、通知、离退休的审批材料等属文书档案的范围。任命书、残疾证、离退休证、个人信件、日记等由本人保存。

（2）判断是否本人的档案材料

人事档案是以员工姓名为特征整理保存的，确定档案材料是否归档，首先应弄清楚是谁的档案，不能因同名同姓、同姓异名、异姓同名而张冠李戴，因一人多名而将材料分散。为防止张冠李戴，应仔细核对档案材料上的籍贯、年龄、性别、家庭出身、本人成分、工作单位、加入党团组织和参加工作时间、职务、工资级别等基本情况是否相同，主要经历是否一致。有些材料从形式看像是某人的，实际上不是，需从内容上加以辨认区分。由于历史原因形成一人多名，鉴别时要核查曾用名及更改姓名的材料，否则，容易把同一个人的材料分散在几处，给查找、利用造成困难。

（3）判断材料是否处理完毕和手续齐全

只有处理完毕和手续完备的材料，才能归入人事档案。凡是悬而未决需要继续办理的“敞口”材料，不得归入人事档案。如干部任免、晋级、授衔、工人转干、有请示而无批复、涉及重大问题只有检举揭发无结论者，均属未处理完毕，不应归入人事档案，即使归入人事档案，也应退回材料形成单位，待处理完毕后再归档。

（4）判断材料是否真实、准确、完整

人事档案材料的内容必须真实、准确，不能有虚假、模棱两可、相互矛盾。鉴别中发现内容不实、词义含混、观点不明确、相互矛盾的材料，均应及时退回原形成单位重新撰写、核实。鉴别中应仔细检查材料系列的完整程度，每份材料不得有缺页，无时间、作者或签名盖章等要素，一经发现应及时收集补充、补办手续。

（5）查对材料是否重复

人事档案要保持精练，拣出重份和内容重复的材料。不管什么材料，正、副本只各保存一份。如某人一次填了几份履历表，正、副本各放一份即可。有人在入党过程中多次写了申请书，有人被审查时对同一问题多次写了交代材料，有人对同一问题在不同时期写了内容相同的证明材料，鉴别时，只需选取1~2份内容齐全、手续完备、字迹清楚的归入本人档案，其余的剔除。

3. 剔除材料的处理

（1）转出

经过鉴别，认定不属员工本人的材料，或者是不应归入人事档案的材料，均应转给有关单位保存或处理。转出时，要写好转递材料通知单。

（2）退回

近期形成的档案材料手续不够完全，或内容尚需查对核实，应提出具体意见，退还有关单位，待修改补充后再交回来。凡应退还本人的材料，经领导批准后退还本人，退还时应进行登记，接收人清点无误，签名盖章。

（3）留存

不属于人事档案范围又有保存价值的参考材料，整理后由组织、人事部门作为业务资料保存。

（4）销毁

无保存价值、重份的材料应按有关规定销毁。销毁时要认真审查，逐份登记，并说明销毁的理由，经主管领导批准后，进行销毁。

二、人事档案的整理与清理

（一）人事档案的整理

1. 人事档案整理工作的基本内容

人事档案整理工作是档案建设的基础工作之一。它是将收集起来的人事档案材料进行鉴别、分类、排序、编目、技术加工和装订成卷，并在此基础上不断对档案内容进行补充的工作，也是人事档案立卷的全部过程。通过整理将处于零散状态的档案材料转变为有序集合的案卷（保管单位），有利于对档案的科学管理和提供利用。

人事档案的整理工作一般有两种类型：第一种类型是对新建设档案的整理，如新分配来的大学生、军队转业干部等或建档后未按规定整理过的档案，必须进行比较全面、系统的整理。第二种类型是对人事档案新收集的材料按新规定进行整理，补充进人事档案卷中。通常称为“归档”或“归零散材料”。以上两种类型的整理工作是档案管理人员经常要进行的一项重要业务工作。

2. 人事档案整理工作的基本要求和目的

（1）整理人事档案的基本要求

整理干部档案需做到认真鉴别、分类准确、编排有序、目录清楚、装订整齐。

认真鉴别——归档材料要逐份审阅，取舍合理。

分类准确——归档材料要划分有据，归类无误。

编排有序——排列材料要条理清楚，层次分明。

目录清楚——书写目录要准确、简洁、明了、字迹清楚。

装订整齐——档案装订要统一规范，表面平整，无脱页漏装，无损坏文字的材料。

（2）整理人事档案要达到的目的

通过整理，要使每卷档案完整、真实、条理、精练、实用。

“完整”，整个档案材料内容要完整，能全面地、历史地反映德、能、勤、绩、廉。

“真实”，档案材料要真实、准确，能反映本来面目，成为了解和使用人的可靠依据。

“条理”，档案材料的分类要清楚、排序有条理，做到科学合理。

“精练”，档案内没有不应归档的材料，整个档案精干、简练。

“实用”，档案便于利用和保管。

3. 人事档案材料的分类

人事档案的分类是根据人事档案所反映的内容和形式特征，分门别类、系统组织与揭示人事档案材料的一种方法。

（1）人事档案正本的分类

人事档案的正本由历史地、全面地反映员工情况的材料构成，其材料分为10类。

第一类履历材料：干部履历表（书）、简历表，干部、职工、教师、医务人员、军人、学生等各类人员登记表，个人简历材料，更改姓名的材料。

第二类自传及属于自传性质的材料。

第三类鉴定（含自我鉴定）、考查、考核材料：以鉴定为主要内容的各类人员登记表，组织正式出具的鉴定性的人员表现情况材料；作为干部任免、调动依据的正式考查综合材料；考核登记表，干部考核和民主评议的综合材料，后备干部登记表（提拔使用后归档）。

第四类学历、学位、学绩、培训和专业技术情况材料：报考中专、高等学校学生登记表、审查表、毕业登记表，学习（培训结业）成绩表，学历证明材料，选拔留学生审查登记表；专业技术职务任职资格申报表，专业技术职务考绩材料，聘任专业技术职务的审批表，套改和晋升专业技术职务（职称）审批表；评定工人岗位技能的登记、考核、审批材料，员工的创造发明、科研成果、技术革新成果的评价材料，著作、译著，有重大影响的论文（获奖、在国家级刊物发表的）等的目录。

第五类政治历史审查材料：审查员工政治历史情况（包括党籍问题）的调查报告、审查结论、上级批复、本人对结论的意见、检查交代或说明情况的材料，主要证明材料；甄别、复查结论（意见、决定）、调查报告、批复及有关依据材料；入党、入团、参军、提干、出国等政审材料；更改民族、年龄、家庭出身、个人成分、国籍、入党入团时间、参加工作时间等问题的个人申请、组织审查报告、上级批复以及所依据的证明材料；高等学校学生、考生政审表。

第六类加入党、团材料：中国共产党入党志愿书，入党申请书（1~2份全面系统的）和转正申请书，中国共产党党员登记表，不予登记的决定、组织审批意见及所依据的材料；民主评议党员中形成的组织意见或党员登记表、认定为不合格党员被劝退或除名的主要事实依据材料和组织审批材料，退党材料，取消预备党员资格的组织意见；中国共产主义青年团入团志愿书、申请书，团员登记表、退团材料；加入民主党派的有关材料。

第七类奖励（包括科技和业务）材料：评选各种先进人物登记表、先进模范事迹、嘉奖、通报表扬等材料。

第八类处分材料：员工违犯党纪、政纪、国法的处分决定（免予处分的处理意见），查证核实报告，上级批复，本人对处分的意见和检查、交代材料；通报批评材料；甄别、复查报告、决定，上级批复及本人意见；法院审判工作中形成的判决书等。

第九类工资、任免、待遇、各种代表会议和出国审批材料：员工工资级别登记表、职务工资变动登记表、调资审批表、定级和解决待遇的审批材料；干部任免呈报表（审批表，包括附件），录用和聘用审批表，聘用合同书，续聘审批表，解聘、辞退材料；退（离）休审批表；军衔审批表、军队转业干部审批表；出国、出境人员审批表；党代会、人代会、政协会议、工青妇等群众团体代表会、民主党派代表会代表登记表。

第十类其他可供组织参考有保存价值的材料：有残疾体检表、残疾等级材料；干部逝世后报纸发布的消息或讣告、悼词（生平），非正常死亡的调查报告及有关情况的遗书等。

（2）人事档案副本的分类

人事档案的副本要能概括反映一个员工的历史和现实情况，它是由正本中的重复件或正本中的复制件所构成。要防止将不是重复件的材料平均分配装订在副本内。归入副本档案的内容应包括下列 7 个方面。

第一类近期履历材料。

第二类主要鉴定，干部考核材料。

第三类学历、学位、评聘专业技术职务的材料。

第四类政治历史问题的审查结论（包括甄别、复查结论）材料。

第五类奖励材料。

第六类处分决定（包括甄别、复查结论）材料。

第七类任免呈报表和工资、待遇的审批材料。

其他类别多余的重要材料也可归入副本。

整理装订副本时，也应按正本十类内容分类，依次排列。

（3）人事档案建立正本与副本的依据

人事档案建立正本、副本是干部人事工作的需要。按我国目前的干部管理体制，一般是下管一级，另有条与块的双重管理要求。在干部管理上有主管和协管部门。主管部门保管正本，协管部门保管副本。如中央管理的干部，中央是主管部门，省、自治区、直辖市委就是协管部门，档案就必须建立正本和副本，正本由主管干部的中央组织部保管，副本由协管的省、自治区、直辖市委组织部保管。同样，省、自治区、直辖市委管理的干部，省、自治区、直辖市委是主管单位，地、市、盟、区委就是协管单位，省、自治区、直辖市委组织部保管干部档案正本，各地、市、盟、区可建立和保管干部档案的副本。

4. 类内档案材料的排列

(1) 排列的要求

人事档案的排列应符合以下要求。

排列次序有条理，能保持材料之间的有机联系，使类内的各材料成为一个有机整体。从个体来说，每份材料应有固定位置，从整体上说一个类内的材料脉络分明，方便利用。

能适应人事档案材料不断增加的特点，便于及时补充新材料，又不破坏原有的排列顺序。

(2) 人事档案材料的排列方法

①按档案材料形成时间顺序排列

依档案材料形成时间的先后由远及近排列。正本的第一、二、三、四、七、十类均按此法排列。其中，第七类的奖励材料应将组织的审批材料放在前面。

②按材料内容（问题）的主次关系（重要程度）进行排列

第五、八类的排列顺序为：上级批复、结论或处分决定、本人对决定处分和结论的意见、调查报告、证明材料、本人检查、交代材料。第六类材料的排列应将入团、入党、加入民主党派的材料分别排列。入团志愿书排在入团材料之前，入党志愿书排在入党材料之前，然后排列申请书、转正申请书、党（团）员登记表等。多次填写的党（团）员登记表按时间先后顺序排列。

（二）人事档案的清理

1. 人事档案清理工作的含义和意义

为了落实党的干部、知识分子、侨务等方面的政策，人事档案管理部门根据有关文件规定，把已归入人事档案中的冤、假、错案材料和未查证核实的材料清理出来，分别进行处理，同时存入新的复查平反结论或改正处理意见。这种清出、存入档案材料的活动被称为人事档案的清理工作。这对维护人事档案内容的真实性、进一步落实干部政策、恢复人员的真实情况、充分调动人员的积极性以及精练人事档案内容等都有重要的意义。

2. 人事档案清理工作的依据

清理人事档案材料的依据是中央的有关文件规定。这方面的文件有两类，一类是中央有关部门就某一历史事件专门制定的清理档案材料的规定。另一类是中央有关部门针对人事档案管理的一般性规定，这些规定通常涵盖了档案的收集、整理、保管、使用和销毁等方面的具体要求。

3. 人事档案清理不是常规性的工作

人事档案清理是在特定历史条件下才需要进行的工作，不是一项常规性的工作。

第三节　会计档案

一、会计档案概述

（一）会计档案的定义

会计档案是机关、企业、事业单位或其他经济组织在经济管理活动中产生的会计凭证、会计账簿和报表等具有保存价值并作为历史记录保存起来的会计核算专业材料。其定义含义如下。

1. 会计档案的来源广泛

会计档案的形成者来自四面八方，既有企业、事业单位，又有各种社会组织、社会团体，既有近些年发展起来的个体工商户、专业户，又有中外合资企业等。可以说，凡是有经济活动的地方与单位，就会产生会计档案。

2. 会计档案是会计核算的产物

会计核算是对会计对象进行连续、系统、完整的记录和计算。需要核算的每一项经济活动必须严格地以凭证为依据，按规定的手续填制凭证，并按照有关政策和制度的规定审核经济活动是否合理、合法；设置科学的账户体系，对经济活动的内容进行归类反映；根据账簿记录对核算资料进行整理汇总，按照规定的指标和格式制成具有内在联系的报表体系，作为日常核算的集中和概括。凭证、账簿和报表都是在会计核算活动过程中形成的，是科学地组织会计核算的需要。

3. 会计档案的主要成分是会计凭证、会计账簿和财务报告（会计报表）

会计档案的内容和成分主要是指会计凭证、会计账簿和财务报告（会计报表）。除此之外，一般不应属于会计档案的范围。只有通过会计凭证、会计账簿和财务报告（会计报表）这个统一的会计核算体系，才能对企业、事业单位、机关和团体的资金周转活动进行连续的、系统的、全面地反映和监督。

（二）会计档案的特点

会计档案与其他类型的档案相比较，有以下几个特点。

1. 广泛性

从形成会计档案的部门与单位来看，凡是具备单独会计核算的单位都会产生会计档案。全国能独立核算的单位有几百万个，各级国家机关、事业单位几十万个，各级财政税务机关有几万个。全国国有企业和行政事业单位有预算会计人员几百万人。这些单位，每天都在发生大量的会计事项，每年产生的会计凭证、会计账簿和财务报告（会计报表）等会计档案以千万吨计，会计档案产生与使用的广泛性是它的一大特点。

2. 严密性

会计工作有严密的法规和规章制度做保障。会计档案是会计核算的产物，它与会计核算中的每项具体细致的工作息息相关，没有会计核算这个环节，也就无所谓会计档案。从会计档案的内容和程序来看，它是先有会计凭证，然后依据会计凭证填写会计账簿，最后根据会计账簿编制财务报告（会计报表），在反映经济活动与财务收支方面，一环扣一环，具有连续性，联系十分紧密。一项经济活动或一项财政开支，从其业务发生到结束上报，连续地进行记录，对一连串的数字进行正确的计算、综合和分析。在一系列程序中，会计凭证、会计账簿和财务报告（会计报表）密切联系，不能脱节。这种内容与程序的严密性远远超过了普通档案。

3. 稳定性

会计系统包括工业会计、农业会计、商业会计、银行会计、行政事业单位会计等，门类很多，遍布生产流通和非生产流通各个领域。尽管会计档案内容与种类繁多，但是它的基本成分只有三个方面：会计凭证、会计账簿和财务报告（会计报表）。这种成分的稳定性是区别于其他类型档案的重要标志之一。

（三）会计档案的作用

会计档案是在会计工作中形成的，会计工作又是由于管理经济的需要而产生的，因此会计档案在经济活动中具有重要作用。

1. 提供数据、资料

会计档案可以为制订经济计划、进行经济可行性研究、做出经济决策、领导经济工作提供各种有用的信息，为研究、指导国家经济建设提供可靠的数据和可比性资料，某些会计档案还对国家制定经济政策有重要的参考作用。

2. 提供决策依据

会计档案以大量的原始数据为各企业、事业单位的财务工作和生产经营提供决策依据。

3. 监督作用

会计档案对保护国家财产、监督执行国家财务制度和财经纪律有着重要作用，是查处经济案件、打击经济领域犯罪活动的有力工具。

4. 提供研究史料

会计档案是研究经济发展，总结财政工作的经验教训的可靠史料。

（四）会计档案工作

1. 会计档案工作的管理体制

由于会计档案工作的特殊性、会计档案形成的复杂性，会计档案的管理就需要财会部门与档案部门的密切配合。

（1）地方财政和档案业务管理机关对会计档案实行指导、监督和检查

随着国家有关部门对会计档案管理的重视，各省、市、自治区、直辖市的财政部门与档案部门密切配合，在财政部和国家档案局的领导下，结合有关文件以及各地的特点制发会计档案管理的地方性文件，从而便于实行对会计档案管理的指导、监督与检查。

（2）基层财务会计部门与档案室具体管理会计档案

基层财会科室是直接产生会计档案的部门，它们按照国家财政制度和本单位经济管理的需要开展各项会计业务活动。由于会计档案形成和管理的特殊性，会计档案在相关年度查考利用率比较高。

2. 适应形势发展的需要，不断完善会计档案管理办法

国家建设事业的发展对经济管理和会计工作不断提出新的要求。一些新技术、新方法日渐引进经济管理和会计领域，档案管理技术也在发展更新。随着电子计算机在会计工作中的应用，会计凭证、会计账簿和财务报告等会计档案的形式也将发生变化，需要通过调查研究，适时做出会计档案管理的新规定。

二、会计档案的提供利用

在众多的会计档案中怎样选择经济管理所必需的会计档案信息，为领导决策

服务呢？这就需要做好会计档案信息的开发利用工作。

（一）开发会计档案信息资源的途径

会计档案是各单位的重要档案之一，以其丰富的原始数据为企业编制计划、改善经营管理、预测经济前景，为领导决策提供全面和可靠的信息。在企业管理中做好会计档案信息的开发尤为必要。

1. 依据会计档案信息，制订科学的承包方案

会计档案是企业单位在经营管理活动中形成的，真实客观地记录了企业历年来经济活动的全过程和各个经济环节上的活动情况。根据这个信息系统对企业的经济活动过程加以对比分析，从而得出带规律性的有量化概念的结论。这种依据客观规律和大量原始材料得出的结论是制订承包方案的科学依据，能使承包方案更加切合实际。

2. 利用会计档案，加强成本管理，参与决策

随着改革的深入，要正确处理好生产成本与消费者利益的关系，依据会计档案提供的信息生产适销对路的产品，以适应市场需求。

3. 其他

可开发的内容还有：依据会计档案制定科学的投标方向；开发会计档案信息，强化企业科学管理；等等。

（二）会计档案的检索工具

会计档案的检索工具主要有会计档案案卷目录和专题目录。案卷目录的编制方法大体有以下几种：①编制会计凭证、账簿、财务报告（报表）三者合一的会计档案案卷目录；②分别编制会计凭证目录、会计账簿目录、财务报告（会计报表）目录；③分别保管期限编制不同的会计档案案卷目录。一般情况下，以第3种方法为好，其优点是与会计档案的排列、编号一致，既有利于保管，又便于移交和销毁档案。

专题目录是根据编制长远规划和国家经济建设的需要，将历年案卷目录中有

关生产、基建、供销、经费、财务决策及其说明等按专题编制的目录。

（三）会计档案编研工作

利用会计档案从事编研工作是一种行之有效的利用方式。

1. 基础数字汇集

它是利用会计档案中各方面数据信息，将立档单位的经济管理活动的数据按若干项目汇集成册，以供领导与业务人员全面、系统地掌握情况。

2. 阶段性资金分析表

它是领导从某一阶段企业经营情况来研究企业的经济发展概况，或与某一阶段企业经济活动规律进行对比，以总结企业发展或经营的经验教训。

3. 企业历年经济效益曲线图

它是一个直角坐标系，横坐标为年度，纵坐标为企业经济效益，每年的经济效益在平面上对应一个点，这些点用线段连接起来形成曲线图。

（四）提供利用会计档案需注意的问题

1. 建立、健全会计档案的借阅制度

要对会计档案的利用范围、利用方式、批准手续以及归还案卷的检查做出具体规定，并认真贯彻执行。

2. 严格借阅手续

本单位人员因工作需要借阅会计档案，要经会计主管人员同意。外单位人员查阅会计档案，要有正式介绍信，经会计主管人员或单位领导人批准后，在指定地点查阅。调阅档案的人员均需填写“调阅会计档案登记簿”，登记调阅者的姓名、工作单位、调阅理由和所调档案的名称、日期等。调阅人员一般不得将会计档案携带外出。

3. 确保会计档案原件的完整和安全

无论何人查阅会计档案，均不得在会计档案上做任何标记，不得折叠、涂改和污损，更不能拆毁原卷册，抽换会计凭证和账页，不得造成遗失和泄密事故，违者应视情节轻重进行严肃处理。

4. 对复制、摘抄会计档案材料严格审查把关

利用者需要复印、复制、摘抄会计档案时，需事先征得档案保管人员审查签字，经会计机构主管负责人审查批准后，会计档案才能交付利用者。工商、税务、司法等机关需要以会计档案作为凭证时，可以出具复印件，加盖会计档案管理机构证明章，不得拆卷，更不能带走原件。

会计档案提供利用时，档案管理机构与会计主管机构应注意收集会计档案提供利用的效果，并把利用效果反馈的具体情况，包括利用目的、利用卷次及人次、解决问题的程度、社会效益和经济效益以及尚待解决问题的难点等，逐一详细地登记在"利用效果登记簿"上，以便及时总结会计档案提供利用工作中的经验与教训，并进一步改进会计档案管理工作。

第四节　声像档案

一、声像档案概述

（一）声像档案的定义

随着社会的发展以及科学技术的进步，人类不仅可以将自然现象和历史事件通过文字表达，而且可以通过各种声像记录手段客观地、形象地反映政治、经济、外交、文化、教育、科学研究、军事、艺术、新闻等各个领域的活动，产生了与纸质的文字档案并行、载体形式特殊的声像档案。这些声像档案已成为国家档案的重要组成部分。

声像档案是指国家机构、社会组织以及个人从事政治、经济、科学、文化、教育、军事等活动中形成的有保存价值的以音响、形象等方式记录信息的特殊载体，并辅以文字说明的历史记录，亦称音像档案、视听档案。它是国家全部档案的重要组成部分。声像档案定义的基本含义有以下3个方面。

1. 形成于一定的专业单位或部门

构成声像档案的那些文件，除了一般的工作单位以外，比较多地产生于宣传、新闻、广播、电视、文化艺术、科研等部门。声像档案的产生和积累始终根源于特定的机构或个人所进行的职能活动（如宣传报道、广播电视等）以及由此形成的声像档案这种特殊载体之间的有机联系。

2. 声像档案的形式、功能以及处理程序有明显的特色

构成声像档案的那些文件材料，其形式、功能以及处理程序与普通的公文有明显的不同。一般均有特殊的形式、固定的功能以及规范的处理程序。

声像档案具有特殊的形式与载体。

声像档案不同于一般的文字档案，新的记录技术与新型载体为声像档案提供了新的形式。

记录技术的发展使声音和图像的记录手段逐步发展到感光记录、磁记录和激光记录。

声像档案具有固定的功能。它以声音和图像作为信息交换的方式，再现社会活动和各个历史阶段某些自然景观、人类活动以及科研工作的全貌与细节，运用某些手段将某些瞬间动作化快为慢、化慢为快，为人们的利用提供方便。

声像档案中的照片、录音带与录像带都有比较规范化的处理程序。照片档案是由底片、照片以及文字说明相互补充而成。录音与录像带都是利用磁记录设备将待记录的信息转变成电信号，使文件载体的磁性层发生选择性磁化来保存信息，并用设备将文件载体磁性层上的磁信号转变成电信号重放出来。录音与录像磁带的形成与处理程序是按照一定的原理有规律地进行的。但声像档案一般情况下不参加公文运转过程，绝大部分也不纳入公文运转范围，它有自己的一套办理程序。

3. 声像档案必须辅以文字说明

声像档案是以声像记录材料的特殊载体为主、文字说明为辅的一种历史记录。文字说明在声像档案的构成中是不可缺少的要素。文字说明是画面、音响、形象的译写，声音和图像以及文字说明缺一不可。如果没有文字说明作补充，就

会使人无法明白声像档案所反映的时间、地点、人物、背景等具体情况。所以，声像档案除特殊载体外，还必须辅以文字说明作补充。

（二）声像档案的特点

声像记录不需在纸上传播信息，而是在现代技术产生的新载体材料上传播信息。声像档案具有如下一些特点。

1. 形意结合，形象逼真

一般的文字档案不如声像档案那样给人以活灵活现的感觉。有些事件或活动通过文字甚至是连篇累牍的文字也很难表达清楚，然而通过反映事物变化的照片、录音、录像等很快就可以解决问题。声像记录和文字说明是形意结合的整体，它们互相依存、互相印证、互相补充。声像档案是人们活动的声像记录，它可以使利用者有“身临其境”的感觉。声像档案是以画面的可视形象生动地展现在读者面前，而且配有音乐、语言，便于利用者理解和接受。声像档案的形象性与直接感受性超过其他类型的档案。

2. 时间感、空间感强烈

一般载体的档案作为相互交换信息的工具，在时间与空间上是有限的。而声像档案由于依赖于先进的科学技术和快速的传送手段，它的时间感与空间感比一般档案强烈，甚至进行超越时空的远距离传送，这是一般档案所望尘莫及的。声像档案可以把一瞬即逝的“容貌”记录下来并予以再现，可以将人们引向对历史的深切怀念，或者使人们对历史有更深刻的认识。

3. 易复制、好转移，原件与复制件难以区分

声像记录容易复制，而且难以区分原件与复制件。一般的纸质档案、原稿与复印稿是很容易区分的，而要区分原版磁带与制作精良的磁带复制件、区分原版底片与制作精细的翻版底片，那是十分困难的。

纸质档案的书写记录与书写载体间的关系是难以分割的。而记录在声像档案载体上的信息可转录到感光胶片、磁带和光盘上。而且作为声像档案载体的磁带可用来多次记录，使它成为各种相互依存技术的产物。声像档案向不同载体间的

转移有改变原始信息质和量的可能。随着科学技术的发展，胶片、磁带、磁盘、光盘等所记录的声像信息比纸质档案更易复制。因此，对声像档案的原件和复制件要认真区分，以便于保管和利用。

（三）声像档案的作用

作为档案保存下来的声像记录材料，其用途是很广泛的。声像档案有与其他类型档案相同的一面：既是制定政策和推广先进经验的依据之一，又是进行经济建设、开展科学研究以及进行政治斗争的有利条件。声像档案与其他种类的档案相比也有不同的一面，其特殊作用如下。

1. 为宣传报道服务

声像档案与声像档案记录材料好比文件与档案的关系，是有密切联系但并不相同的两个概念。比如，新闻照片是用于最新事态、人物的宣传报道，而照片档案是历史的记录，两者互相配合，可以收到事半功倍的效果。

2. 广泛交流信息

由于纸质档案传统载体信息的承载量有限，给国内外学术研究和科研成果的交流带来很大困难与不便，随着现代科学技术的发展与档案载体形式的变化，信息容纳量会越来越大，声像档案的信息容纳量极大地超越传统的纸质档案，并被大量复制，以满足人们从不同角度利用档案的需要，打破了时间和空间对人们认识问题的限制，大大扩展了人们观察与认识事物的范围，加强了声像档案广泛交流的特点。

3. 深入科学研究

声像档案是运用各种技术手段表现声音和形象的，它用直接逼真、感性立体的声像把有关信息传达给利用者，视听结合，使人有身临其境之感，协助科研人员回忆、分析、对比、观察、测听、研究和揭示有关问题。同时，声像档案还可通过播放设备的放映与特殊手段，将某些瞬间的动作化快为慢、变慢为快或进行定格处理，为科学研究争取了时间，提供了比一般文字档案更为便利的条件。如中国科学院沙漠研究所珍藏的不同时期的卫星照片、航空照片和普通照片，既可观察到国内外沙漠发展和治理情况，又可给有关部门提供可靠数据，为科学研究与经济建设服务。

4. 艺术欣赏价值

声像档案含有更多无法用文字表述的信息和形象，一些耐人寻味和具有艺术欣赏价值的声音和图像被固定在声像档案上面，能使利用者体会到声情并茂的艺术效果，体会到图像与声音的艺术感染力，给利用者以艺术享受和深刻思考。声像档案内容丰富，形式多样，传播快，不受地域、时间的限制，不受人们文化程度的限制，甚至不识字的人也能接受某些声像档案的内容。戏曲、电影、电视形成的影片、电视片、照片、画册、录音、录像带等，比起文字的纸质档案，更具有生动、具体、活泼的艺术感染力。

（四）声像档案工作

全国范围内的照片档案工作，由于当时摄影尚没有大范围的普及，照片产生数量不大，对照片档案的利用也不频繁。加上当时正处于国民经济恢复和建设时期，国力不强，全国没有建立统一的照片档案管理机构，各地各类的历史照片档案，有的由文物部门收管，也有的由档案部门收管。各单位在工作中形成的照片档案，一部分随文书档案一起归档保存，一部分则散失或保存在个人手中。

中国照片档案馆的任务：①满足新华社新闻摄影报道的需要；②按照国家档案工作的有关规定，集中统一保存和管理我国照片档案和有关资料；③有计划、有步骤地在国外广泛搜集我国各种有价值的照片档案资料；④搜集国外有价值的国际照片资料；⑤对库存照片档案资料进行整理、分类、鉴别、研究、保管，并逐步实现照片档案管理的科学化、现代化；⑥向国内外用户提供档案资料，编辑各种照片资料专辑，多方面地提供照片档案。

在中国照片档案馆建立的前后，全国各地的照片档案工作也逐渐开展起来。一些基层档案部门开始把照片档案工作作为日常工作的一部分列入计划，一些部门为了有效地进行工作，还制定了相应的照片档案工作规章制度。

二、录音、录像档案

录音、录像档案是一种特殊的文件材料，即用专门的器械和材料，采用录音、录像的方法，记录声音和图像的一种特殊载体的档案，分为唱片、磁带录音与磁带录像档案等。

（一）唱片档案

唱片是采用机械录音的方法把声音录制在片状的圆盘上，存蓄在密密的声槽中，使用时再用唱机将声槽中存蓄的声音重发出来。

1. 唱片模版的保护

唱片模版是由金属电铸而成，随时都可以用它来生产唱片，只要维护得当，可以长期使用。唱片模版的维护主要是防止金属的腐蚀。防腐蚀主要应该做好以下几点：①清除腐蚀电池的电动势，做好模版的清洗工作；②使用缓蚀剂，延缓唱片模版被腐蚀的过程；③用去氧包装，将唱片模版密封存放；④使用防腐剂，提高唱片模版的贮存质量。

2. 唱片的保护

唱片的中心部分是“片心”，片心是压在唱片上的圆纸片，上面印有唱片的节目内容、演奏者、转速、唱片编号和制造厂商标等。

唱片是经过加热软化的氯化烯——酸性乙烯共聚树脂块热压而成的，加工工艺精密，韧性强，使用寿命长，但又是易损物品，如果在放音时唱片的杂音大大增加，这可能意味着唱片的表面已经受到了损伤或磨损，这会严重影响唱片的音质和播放效果。唱片的寿命可能已经接近尾声，或者至少已经进入了衰退期。

（二）磁带录音、录像档案

利用电生磁原理、磁记录设备可将记录的信息转变成电信号，使文件载体的磁性层发生选择性磁化来保存信息，通过磁重放设备又将文件载体磁性层上的磁信号转变成电信号重放出来。通过这种磁记录形成录音、录像磁带，把其中具有保存价值的东西留存下来就是录音、录像档案。

1. 归档与收集

在录音、录像档案产生较多的单位（电台、电视台），记者、编辑应将采访录制的各种素材经过编辑加工与有关登记单、审查表一并送交有关领导审定。送审表上应注明节目来源、节目内容、录音地点、原录日期、复制日期、录音效果、机速、时间以及过去消磁情况等。

2. 验收

接收录音与录像档案要进行验收，从核对录音、录像登记表开始，先检查登记表中的各项内容是否填写清楚，手续是否完备，随后根据登记表记载的内容听音观看，目的是核对内容和技术状况。视听时要以文字材料为依据。保存录音与录像档案的档案部门应备有视听设备，以便进行物理性能与电磁性能的检查。

3. 分类

录音、录像档案在一般机关、单位形成的并不多，内容比较单一，没必要分类。在形成录音、录像档案数量较多的单位，利用也很频繁，可以按内容进行分类，通常按政治、经济、文学艺术、科学、教育分为若干类别。如果数量多，还可以再分属类。分类时应把永久保留性节目与临时性节目分开，把机密的与一般的分开，把不同版种区别开来（原版、复制版、播出版）。

4. 编目

档案馆（室）对验收并需要分类入库的磁带录音、录像档案应登记入册。如果数量少，只建立总登记簿即可。按收到的先后次序入册，主要包括如下一些项目：编号、收到日期、录制日期、内容、责任者、录制单位、录制地点、放送时间、技术状况（消磁情况、模版质量）、数量、备注等。

5. 鉴定

在录音、录像档案形成较少的单位，主要把好消磁关，如认为确有消磁必要，要征求业务部门意见，并送领导审批，在登记目录中注销。

在录音、录像档案较多的单位，其中有些具有长久保存价值，最好把磁带复制成唱片模版，以便长久保存。有些磁带在保管一段时间后，要进行复查。有些磁带内容重要，为了长久保存，可以复制；有些已失去继续保存的价值，经过审查批准，可以消磁。

6. 保护

接收入库的磁带录音要装入特制的磁带盒内。在盒内应有固定盘心的定位装置，磁带装入盒后应松紧适度，不应过紧。磁盘盒应有一定的硬度，以防变形。

磁带录音、录像档案的保护条件与方法如下。

（1）适宜的温湿度

磁带受潮容易变形，所以要防潮，但是不要太干燥，室内温度要适宜，温度过高，易使磁带变脆。实践证明，对于磁带来说，室内温度保持在15℃～25℃，相对湿度保持在45%～60%为宜。为此，库房内应有空调设备和温湿度的测量仪器，以便随时记录数据，随时调整气温和湿度，及时改善库房的环境与条件。

（2）磁带应卷绕平整，不能有折皱、弯曲，防止磁带体损坏

磁带卷绕不当，如带边朝外面突出，太松或太紧，在磁带运行时均会造成磁带体损坏。

如卷绕太松，走带时会出现滑动，使磁带上出现折皱；卷绕太紧，易造成磁带永久性变形。所以，磁带应卷绕松紧适当，边端摆放应平整。

（3）定期复制与转绕

磁带上保存的信息是有限的，为了使磁带上的信息长期保存下来，必须定期转录，可以根据磁带保存情况5～10年转录一次。长期保存的磁带档案在目前情况下最好是6～12个月重绕一次，重绕的目的是释放磁带内部压力，并定期检查。一旦发现问题，可以及早重新复制。轮流倒带，带基不易损坏。倒带时遇到断接处，可用清洗溶剂“苯”洗一下，重新接好。

（4）磁带要竖放

磁带的正确放置方式是竖直放在专用的磁带架上，可使其受力均匀，避免磁带卷边或变形，磁带的重心落在带盘芯上，可以避免因卷绕松弛造成磁带横向损伤。存放磁带处应避免强日光照射，强日光有损磁层稳定性，使记录信号衰减，影响重放信息的清晰度。

（5）磁带使用与保存处所应避免靠近磁场

如果磁带离磁场太近，会退磁或磁化，造成信号失落，影响重放效果。存放磁带的库房应避开散杂磁场的地方。比如，存放电动机、电视机、扬声器、变压器等物附近易产生磁场，应避免将磁带放在这类电器上或其附近。

第四章　电子文件管理及纸质档案的数字化

第一节　电子文件的计算机管理

一、电子文件的概述

（一）电子文件的概念

电子文件（electronic document，electronic record）是国家机构、社会组织或个人在履行其法定职责或处理事务过程中，通过计算机等电子设备形成、办理、传输和存储的数字格式的各种信息记录。

（二）电子文件的技术特点

1. 信息的非人工识读性

在计算机系统中，信息以“0”“1”的数字代码表示，与人的肉眼所视完全不同，不同类型的信息有各自的编码方案。只有通过特定的程序对这些代码进行解释还原，人们方可识读和理解。电子文件信息的非人工识读性对管理工作提出了一个基本要求：为了能够使用电子文件，首先要保证它可以识读。

信息的非人工识读性表现在两个方面：一是电子文件使用了人们不可直接识读的记录符号——数字式代码，即将输入计算机的任何种类的信息都转换成二进制代码。对于这种经过复杂编码的二进制代码，人工无法直接破译它的含义，只有通过计算机特定的程序解码，使之还原为输入前的状态，才能被人识读。所以，电子文件在给人类带来极大方便的同时，也使其内部实现机制变得越来越复杂。二是电子文件存储在载体上，人们无法直接通过载体阅读，必须通过计算机等设备显现，才能识读。

2. 信息的系统依赖性

电子文件信息的系统依赖性有两层含义：其一，在一般意义上，电子文件的形成、处理，以至归档后的全部管理活动都必须借助于计算机系统才能实现；其二，电子文件信息在显示输出时依赖于特定的计算机系统，那就是其形成系统，与形成系统不兼容的计算机和应用软件则无法打开文件。

3. 载体的可转换性

载体的可转换性亦称“信息与特定载体之间的可分离性”。传统载体的文件，信息一旦生成，即被固定在某一载体上，两者结合为“原件”。电子文件中则不存在实体意义上的原件，它可以根据需要在不同的载体上同时存在或相互转换，不同载体上的信息，包括字体、签名、印章在内，则可完全一致，载体的转换并不会影响到电子文件信息的原始性。而且由于磁性载体和光学载体寿命短，对于电子文件而言，转换载体是必需的。没有一份电子文件拥有恒久不变的载体，电子文件不可能有固定不变的实体形态和物理位置。正因为如此，对于电子文件，人们往往用“真实性”而非“原始性”的概念来描述其信息的原生特性。

4. 信息的易变性

造成电子文件信息可变性的情况很多。首先，计算机系统中信息的相对独立性使得对信息的增删更改十分容易，而且修改之后看不出任何改动过的痕迹；其次，电子文件在形成、归档、管理和利用过程中会形成大量的动态文档，而动态文档中的数据不断地被更新或补充，以反映最新情况；再次，存储载体和信息技术的不稳定性，新的信息编码方案、存储格式、系统软件不断出现，对电子文件的稳定性产生了巨大的冲击，新的系统要求将电子文件转换成某种标准格式或新的文件格式，往往会造成电子文件信息的损失、变异。

5. 信息存储的分散性

电子文件信息存储的分散性表现在两个方面：其一，一份电子文件的内容、结构和背景信息分散保存。其二，一份电子文件的信息可能来自其他多个文件。电子文件信息分散存储，在归档保存时容易出现部分信息缺失的情况，影响文件质量及其功能的发挥。

6. 信息存储的高密度性

电子文件的信息存储密度大大高于以往各种人工可识读的信息介质。过去一个几十平方米库房中的档案信息量现在则可能十几张光盘就可以承载，这极大地节约了存储空间。随着技术的进步，电子文件介质的存储密度还将继续加大。然而，存储的集中也意味着风险的集中，载体一旦受到侵害，损失就可能很大。

7. 多种媒体信息的集成性

电子文件可以将文字、图形、图像、影像、声音等各种信息形式加以有机组合，形成“多媒体文件”。这种文件将文字、图像、声音等表现媒体融为一体，图文声像并茂地展示，能够更加真实地再现记录的场景，从而强化了档案对社会活动的过程记忆和生动再现功能。

8. 信息的可操作性

相比被固化在传统载体上的信息，电子文件中的数字信息则是灵活、可变的，人们可以利用各种技术工具和手段。对之进行多种操作，如剪切、复制、粘贴、着色、压缩等，这为文件信息利用带来了极大的方便。经过相应的操作，人们可以使电子文件处于操作者希望的状态之下。该特点要求电子文件管理者更多地考虑用户的需求，为其提供便利，同时也要注重保护归档电子文件不被人为有意改动。

电子文件中的信息可以随时根据人们的需要，便捷、灵活地加以编辑、复制、删除，或进行多媒体合成，或按照特定的需要排列组合，或进行压缩和解压，或进行格式和数据结构的转换，或通过各种传播媒体传递给远程用户，显著提升了人对信息资源的管控能力和利用能力。

二、电子文件的归档

（一）电子文件归档的特点

1. 归档时间前置

纸质文件一般在文件处理完毕之后的第二年完成归档。电子文件因其信息和载体的可分离性，随时面临着被篡改、被破坏的风险，因此在归档过程中必须贯彻前端控制和全程管理的原则。电子文件办结后就要及时归档。在设计电子文件管理系统时，就要考虑到归档要素和电子文件的真实性、完整性、有效性和安全性保障措施。

2. 归档形式多元互补

电子文件的归档形式分为在线归档和离线归档。电子文件的归档按照鉴定标识进行，各单位可以通过计算机网络进行在线归档，也可以将电子文件存储在脱机载体上进行离线归档。网络条件不符合国家和本市有关保密法律法规规定的单位，其涉密电子文件不能在线归档，只能离线归档。

3. 归档范围扩大

电子文件的特殊性决定了电子文件归档的范围有所扩大。纸质文件的内容、结构、背景信息是固化在纸张上的，而电子文件的三要素有可能是分离的，要保证电子文件的真实性和完整性，必须及时获取电子文件的结构和背景信息。因此，电子文件的背景和结构信息必须被纳入归档范围，形成电子文件的支持和辅助性文件，计算机、操作系统和应用软件的说明性文件也必须列入归档范围之中。此外，归档电子文件不仅局限于文字类文件，还应当包括图像、声音、视频及超媒体文件。

4. 归档实体移交与权责移交的分离

在线归档的出现使电子文件实体移交与权责移交出现了分离。传统文件管理中，文件的管理权是随着文件的归档由文书部门而转移到档案部门的，是实体保管者与信息管理者的统一。而电子文件的实体与其信息的管理权责却是可以分离的。电子文件的在线归档，使档案部门并不一定拥有电子文件实体，但仍可以实现对电子文件的掌控，从侧面反映了电子环境中档案管理的工作重点由实体管理向信息管理的转移。

5. 电子文件归档份数较多

离线归档的电子文件，至少一式三套：一套封存保管（一般称为 A 套）；一套提供利用（一般称为 B 套）；必要时，复制第三套，异地保存（一般称为 C

套）。电子文件在长期保存过程中可能会受到不可抗因素的影响导致信息变异或失真，出现读取错误，而多套同时出错的概率较低，所以多套保存可以大大提高电子文件的安全性和可靠性。

（二）归档范围

1. 支持软件

电子文件具有软硬件依赖性，对于采用专有格式的电子文件，可归档文件的支持软件及软件的文档资料。档案部门已有的无需重复归档。

2. 元数据以及相关管理信息

描述电子文件内容、结构和背景的元数据都必须随着电子文件一起归档。另外，电子文件形成阶段的管理活动也可能形成一些记录材料，如更改单、登记表、使用权限登记表等，有些可能记录在纸张上，也应予以归档。归档之后应保持元数据、管理信息与文件的联系。

3. 其他载体形式的文件

在同一活动中，除了电子文件外，有时还会生成纸质文件、缩微胶片等其他形式的重要文件，如上级机关的来文、外购设备文件等。为保持这些文件之间的历史联系，确保同一活动中形成的档案信息完整无缺，需要将之一同归档。有条件的单位可将这些文件作数字化处理，作为电子文件归档和保存。

（三）归档方式

电子文件的归档方式有两种：物理归档和逻辑归档。二者的区别在于归档前后电子文件的存储位置是否改变。

1. 物理归档

物理归档是指把电子文件集中下载到可脱机保存的载体上，向档案部门移交的过程。物理归档类似于纸质文件的实体归档，这种方式将电子文件的保管权直接交给档案部门统一存储保管，该保管系统由档案部门统一维护，因此安全性比较高。

2. 逻辑归档

逻辑归档是指在网络上进行，不改变原存储方式和位置而实现的将电子文件的管理权限向档案部门移交的过程。这种方法将电子文件仍然存储在形成文件的业务系统，但是归档文件的著录信息、存储地址及元数据应自动保存到档案部门的数据库中，以便档案部门对其进行控制。逻辑归档虽然不妨碍电子文件的共享利用，但是分散存储会给电子文件带来一定的安全风险，需要档案部门加强安全检查和督促。

（四）归档时间

电子文件的归档时间分实时归档和定期归档两种。实时归档是指电子文件形成后即刻归档；定期归档是指按照机构有关规定，在电子文件形成一段时间之后再向档案部门移交。一般来讲，逻辑归档尽可能实时进行，以免发生失控；物理归档既可实时进行，又可与介质归档一样，借鉴纸质文件归档的经验并遵照有关规定定期完成，如管理性文件在次年年初归档，科技文件在项目完成之后归档，机密文件随时归档等。双套归档的电子文件和纸质文件，归档时间应尽可能统一。在实际工作中，无论采取何种归档方式，都存在提前归档的趋势，这有利于及时控制有用文件信息，保护其完整与安全。

（五）归档要求

归档电子文件的质量要求包括以下几方面。

1. 齐全完整

归档的电子文件应齐全完整，凡是归档范围内的文件均应及时向档案部门移交。尤其应注意相关电子文件的支持软件、元数据、管理信息、其他载体文件和硬拷贝的收集。

2. 归档范围和保管期限要求

电子文件应准确划分归档范围和保管期限，具有保存价值的照片、音视频文件和公务电子邮件等电子文件也应当列入归档范围；电子文件的正本、定稿、签发稿、处理单，重要电子文件的修改稿和留痕信息应当完整归档。

3. 双套制归档要求

具有永久保存价值或者其他重要价值的电子文件，应当转换为纸质文件或缩微品同时归档。定期保存的电子文件，由电子文件的形成单位根据实际需要决定是否采用异质双套归档。法律法规中规定不适用电子签名的电子文件，归档时应附加有法律效力的纸质签署文件。

4. 归档载体标签要求

存储电子文件的载体或装具上应贴有标签，标签上应注明载体序号、全宗号、类别号、密级、保管期限、存入日期等，归档后电子文件的载体应设置成禁止写操作的状态。用作电子文件归档或电子档案保存的光盘不能贴标签，该标签必须用特制的光盘标签打印机打印在特制的光盘空白背面上。因为对于高速旋转的光盘来说，贴上标签会造成光盘高速旋转时重力不均和抖动，损坏光盘或光盘驱动器。没有光盘标签打印机的，可用光盘标签专用笔在光盘标签面上手工书写编号。

5. 真实性要求

电子文件形成部门需对归档电子文件内容的可靠性、稿本的准确性以及双套文件的一致性加以确认。

6. 完整性要求

确保归档电子文件和相关文件及元数据齐全，且关联有效。为了保障电子文件的真实、完整、有效，可以将电子文件的办文单打印成纸质文件与电子文件一并归档。

归档完毕，电子文件形成部门应将存有归档前电子文件的载体保存至少一年。

（六）归档手续

为明确责任，电子文件移交双方应确认归档电子文件的数目、技术状况以及相关材料是否齐全，并在确认结果上签字盖章，保存备查。

三、电子文件的著录和开发利用

(一) 电子文件的著录

1. 电子文件著录的特点

与传统著录相比，电子文件著录具有全面性、全程性、综合性的特点。

(1) 全面性

电子文件著录的全面性包括两层含义：其一，描述对象的全面性，具体包括文件内容、结构、背景和文件在形成后所经历的整个管理过程。其二，作用的广泛性，著录最基本的作用是描述电子文件，在此基础上可以有多种用途，除了挑选具有检索意义的著录信息编制检索工具之外，还包括保障电子文件的真实、完整、可读等。

(2) 全程性

电子文件的著录不再发生于归档后的某一个时间点，而是贯穿于文件的整个生命周期。文件一经产生，其著录便已开始；文件一旦变化，其变化情况就被记录在案。

(3) 综合性

电子文件的著录综合采用人工著录和系统自动著录相结合的手段。随着自动化程度的加深，人工直接著录将减少。系统自动著录将增加，电子环境中大多数著录信息都可以由系统自动生成或捕获。当然，不管自动化程度如何，人工控制是必不可少的。

2. 电子文件的著录项目

(1) 内容类著录项目基本一致

两类标准基本上都包括文件题名、分类号、主题词、关键词等项目。

(2) 结构类著录项目增多

结构类著录项目描述了与电子文件解码、输出相关的属性，除了稿本、文种等之外，元数据标准还规定了格式模板、媒体类型、数据格式、存储位置、系统环境、密码、数字签名等著录项目，这些项目为电子文件著录所独有。

（3）背景类著录项目细化

电子文件的背景类著录项目包括形成文件的职能活动、职能部门、工作人员、形成时间等行政背景，形成文件的法律依据等法律背景，以及文件之间的联系等。其中的人员、时间项目，则有可能根据文件的特点予以细化。比如对于电子邮件，人员则可能包括发件人、收件人、转发者等。详细的背景信息有助于确认电子文件的历史原貌。

（4）增加了管理过程类著录项目

在出台的所有元数据标准中，都设有管理史、保存史、利用史等项目，用来描述保存文件过程中鉴定、归档、销毁、迁移、移交、载体转换、利用等各项活动的时间、人员、处理结果和相关法律规定。这对于回溯电子文件历史原貌异常关键。

（二）电子文件的开发利用

1. 归档电子文件的利用

归档电子文件利用范围的确定，需有严密的审核批准制度，并严格按照批准的范围提供利用。归档电子文件的封存载体不应外借。未经批准，任何单位或人员不允许擅自复制电子文件。利用归档电子文件时应使用拷贝件，且应遵守保密规定。

2. 电子文件的检索

检索是最重要的开发利用工作，查全率、查准率的高低是决定用户满意度的关键因素。电子文件的检索工作，应满足以下要求。

（1）实现目录体系的标准化

制定、遵守目录标准，既是共享、互换信息的需要，也是持续建设档案目录的要求，是一件利在长远的工作。尤其是进馆文件，标准化目录是档案馆提供无缝检索的数据基础。文件检索标准包括规定著录项目的数据内容标准、规定著录项目之间关系的数据结构标准以及规定著录项目取值的数据值标准。

（2）提供多种检索途径

按照用户的使用方式，检索途径可以分为两类：一是主动式，即用户通过主动输入要查询的文件所包含的数据值来检索文件，如关键词、主题、时间、责任者、文种等。较为普遍的检索途径是关键词，关键词或者来自题名，或者来自全文。在关键词检索中，布乐检索是较为常见的检索方式，用户可以根据需要，对多个关键词进行逻辑运算，更精确地表达检索需求。二是被动式，即系统为用户提供分类体系，用户按照既定的目录结构层层搜索，直至发现所需的文件。完善的检索系统，应该同时提供以上两种检索入口。

（3）展现文件层次结构

文件的价值往往不单独体现在某一份具体的文件上，而是体现在一系列相关的文件整体上。电子文件检索系统，尤其是档案馆的检索系统应能展现从文件集合到单份文件的层次结构。这种按照文件来源组织而成的等级结构，体现了文件、档案管理者关于文件来源、文件形成背景、文件之间内在联系等方面的专业知识，是文件检索的特色所在，其最大的好处是能够让用户获得所需文件的完整的背景信息。

四、电子文件的保管与移交

（一）电子文件的保管

1. 电子文件的存储管理

存储管理的基本任务是为电子文件信息选择合适的存储设备（即载体）、存储方式和存储系统架构，并对载体实施保护。

（1）存储设备

①硬磁盘和磁盘阵列

硬磁盘即通常所称的硬盘，利用电磁信号转化来记录和读出信息。按接口类型分有 ST506、IDE、SCSI 接口；按磁盘尺寸分有 14 英寸、8 英寸、5.25 英寸、3.5 英寸等。作为计算机系统中最常用的外存，其存储容量大，采用随机存储方式，存取速度快，数据传输率高，可靠性高。适宜作为在线存储介质。

磁盘阵列应用磁盘数据跨盘技术，组合多个硬盘，使其协同工作。它容量极大，可以很好地满足多人在线并发访问，安全性好，能够免除单块硬盘故障所带来的灾难性后果，为许多大型系统所采用。

②磁带和磁带库

磁带是最早出现的磁存储介质。目前的计算机系统多采用二分之一英寸开盘式磁带和四分之一英寸盒式磁带。磁带存储容量较大，成本低，以串行方式记录数据，存取速度较慢，通常作为硬磁盘可靠又经济的大容量备份。

磁带库技术支持从装有多盘磁带的磁带匣中自动搜索磁带、拾取磁带并放入驱动器中，可实现数据的连续备份、智能恢复、实时监控和统计，整个存储容量可达数万 GB。

③光盘和光盘塔、光盘库

光盘采用激光技术写入和读出信息，主要包括只读光盘、一次写入光盘和可擦写光盘三种。其中只读光盘只能用来检索或者播放已经记录在盘上的信息，如 CD-ROM、CD-I、VCD、DVD 等。一次写入光盘可根据需要录入信息，但只能写入一次，一旦录入便不能再进行修改和删除。可擦写光盘允许反复擦写信息。光盘成本低、制作简单、容量大、体积小。一次写入光盘是档案部门常用的光盘类型。

光盘塔由几台或十几台 CD-ROM 驱动器并联构成。可同时支持几十个到几百个用户访问信息。光盘库是一种可存放几十张或几百张光盘并带有机械手和一个光盘驱动器的光盘柜。它利用机械手从机柜中选出一张光盘送到驱动器进行读写，或将光盘取出放置到机柜的指定位置上。光盘库容量极大，适用于具有海量多媒体信息的存储。

（2）存储方式

①在线存储

在线存储是指存储设备和所存储的数据时刻保持可直接、实时、快速访问的状态，通常选用硬盘、磁盘阵列作为在线存储设备，性能好，但价格相对昂贵。

②离线存储

离线存储也称脱机存储，存储设备和所存储的数据远离系统应用，无法直接访问。通常选用磁带、光盘等作为离线存储介质，容量大，价格相对低廉。需要离线存储的数据包括在线数据的备份，以及不常用的数据。

③近线存储

近线存储即近似在线存储，是介于在线存储和离线存储之间的一个存储级别，所采用的设备通常是由廉价磁盘组成的磁盘阵列。访问量不大的数据可采取近线存储的方式。

（3）存储系统架构

信息化建设初期，若要访问数据，必须将存储设备与某服务器或客户机直接相连，这样的存储系统架构称为直接附加存储（Direct Attached Storage，DAS）。随着对更高存取效率和更低存储成本的追求，出现了网络附加存储（Network Attached Storage，NAS）和存储区域网络（Storage Area Network，SAN）这两种新的存储系统架构。网络附加存储将存储设备直接连在网络上，按照 TCP/IP 协议进行通信。存储区域网络将各种存储设备集中起来形成一个存储网络，以便于数据的集中管理。

2. 电子文件信息维护

（1）电子文件信息维护体系

可能危害电子文件信息的因素，除了质量受损的存储设备之外，还包括计算机技术自身的固有缺陷，病毒、木马等恶意程序，地震、洪水等天灾，火灾、盗窃等人祸，不合理、不完善的安全保护制度，怀有恶意企图的用户等各种因素。因此在机构和档案馆内部应构筑涵盖制度、管理、人员、技术在内的全面的信息维护体系，包括制定出完善的规章制度，合理分配和有效监督各类人员的管理权限，培训和考核人员，采用可靠的安全保障技术等。当然，广义上的电子文件信息维护体系还包括相应的法律规范和道德规范，这需要全社会的努力。

（2）电子文件信息维护的关键技术

①加密

加密技术包括对称加密技术和非对称加密技术两种。如果加密密钥与解密密钥相同，则为对称加密，又称私钥加密。对称加密技术的特点在于使用简单快捷，密钥较短但破译困难，但是存在密钥难以安全分发、难以管理等问题，不适用于开放系统，一般用于不在政府确定的保密范围之内的民用敏感信息。如果加密密钥和解密密钥不同，则为非对称加密，又称公钥加密。其中加密密钥可公之于众，称为公钥，解密密钥只有解密人自己知道，称为私钥。非对称加密技术的保密强度不及对称加密技术，但密钥管理、传递简单，适用于开放系统，且可用于数字签名。实际上两种加密技术也可以综合应用。经过加密的电子文件一般应解密后保存。

②身份认证

身份认证技术旨在确认用户的身份。

在用户进入计算机系统时验证其身份技术包含口令认证、智能卡认证、USB Key 认证、生物认证等。口令认证通过验证用户输入的用户名和口令来验证其身份，是最常见的认证技术。智能卡是一种内置集成电路的芯片，芯片中存有与用户身份相关的数据，用户登录时将智能卡插入专用的读卡器读取其中的信息，以验证用户的身份。USB Key 是一种 USB 接口的硬件设备，它内置单片机或智能卡芯片，可以存储用户的密钥或数字证书，利用 USB Key 内置的密码算法实现对用户身份的认证，是目前较流行的一种验证方式。基于公钥基础设施（Public Key Infrastructure，PKI）的 USB Key 还可以用作数字签名。公钥基础设施是利用公钥加密技术提供安全服务的基础设施。生物认证技术以人体唯一的、可靠的、稳定的生物特征（如指纹、虹膜、脸部、掌纹等）为依据，通过图像处理、模式识别的方法来验证用户身份。这几种验证方法的成本依次增加，安全性也依次增加。

（3）权限控制

为保护国家和机构秘密、知识产权、个人隐私，需要在分析机构规章制度、业务性质、利用风险的基础上，合理定义各类用户、各类文件的访问权限，并在业务系统和电子文件管理系统中实现，以保证合法用户访问的便利，防止非法用户的恶意访问。权限控制应当尽可能细致，防止未经授权就对信息采取存取、收集、利用、公布、删除、修改和销毁等操作。

（4）长期可存取

长期可存取技术即保障电子文件长期可读性的技术，包括转换为开放格式、迁移、采用多格式阅读软件等。

（5）备份

备份是信息安全保障最重要的辅助措施，可为受损或崩溃的信息系统提供良好的、有效的恢复手段。备份不仅是数据文件的备份，在复杂系统中，还需要对数据文件所依赖的系统环境和应用程序进行备份操作。备份时需要根据相关制度确认备份的方式，确定备份的存储设备、套数，明确是否需要异地备份。备份最好自动执行。

（6）物理隔离

物理隔离是将不同网络相分离，保证其不相连，其目的在于隔断非法用户的访问链路。凡涉及国家秘密的计算机信息系统，不得直接或间接地与国际互联网或其他公共信息网络相连接，必须实行物理隔离。物理隔离技术发展很快，从最初的双机双网方案，到安装在计算机硬盘上的隔离卡，再到网闸这种独立的物理隔离设备，在保证两个独立主机系统间永不连接的条件下，内外网切换访问的便利性在不断增加。

（7）防火墙

防火墙是一种逻辑装置，通常处于机构内网与外网之间，通过监测、限制、更改跨越防火墙的数据流，限制来自外网的用户对内部网络的访问以及管理内部用户访问外界的权限，对外部网络屏蔽有关被保护网络的信息、结构，从而实现对网络的安全保护。防火墙不能有效控制发生在内部的非法访问。

（8）入侵检测

入侵检测用于监控网络和计算机系统是否出现被入侵或滥用的征兆，可以阻断发生在内部的非法访问，是对防火墙技术的有效补充。

（二）电子文件的移交进馆

1. 移交方式

电子文件的移交进馆主要有介质移交和网络移交两种，目前以介质移交为主。在政府专网已经建成运转的一些地方，则通过专网向档案馆移交电子文件。

2. 移交时间

移交时间分为定期移交和实时移交两种。采取介质移交方式的，一般是定期移交，而通过网络移交电子文件的，则可实时进行。由于文件形成时间尚短，一般未满 10 年至 20 年的进馆时间规定，所以已经进馆的电子文件，其纸质复制件一般仍保存在原单位。

3. 移交要求

移交要求主要集中在格式、载体规格和元数据这三个方面。

虽然都是出于保证电子文件长期可读性来考虑其格式要求，但各个国家、地区、地方档案馆对进馆电子文件的格式要求不尽相同。比如，英国国家档案馆可以接受的文件格式主要有 Post-script，TIFE，SGML，PDF 等；澳大利亚国家档案馆则以两种格式保存同一份电子文件，即原始格式和 XML 格式；安徽省电子文件中心推荐了文本文件格式为 PDF/A、CEB，图像文件格式为 TIFF、JPEG，视频格式为 MPEG、AVI，音频格式为 MP3、WAV。尽管还是有个别的私有格式，总体上还是以由国际标准组织制定和认可的开放格式为主，同时也兼顾了本国、本语言档案信息资源安全管理的需要。

4. 移交检验

在接收电子档案之前，均应对电子档案及其技术环境进行检验，合格率达到100%时方可进行交接。

5. 移交手续

移交双方应对移交文件及相关材料的数量、质量进行核对审查，并签字确认。

第二节　纸质档案的数字化

一、档案数字化概述

（一）纸质档案数字化的技术模式

每份文件的数字图像（或数字文本）必须与其目录数据建立联系才能有效地管理和利用，在技术上两者之间的联系方式有三种。

1. 目录数据与全文图像分体方式

每份文件的目录数据与全文图像分开存放：目录信息存放于目录数据库；全文图像以文件形式按照预定的存储规则和命名规则存储于文件服务器。目录数据库记录中的一个字段用以存储对应全文图像的存储路径，在目录数据库中检出文件记录后，借助记录中的存储路径可链接、显示该文件的数字图像。

2. 目录数据与全文图像一体方式

文件的目录数据与全文图像作为一条记录存放在同一数据库中，即将档案的数字图像作为文件记录的一个字段（大对象数据项）直接存储到数据库中，例如，将全文图像保存在 SQL Server 数据库的 IMAGE 类型字段中。

3. 全文与目录数据合一、图像分体方式

为实现对档案内容的全文检索，很多应用系统对于印刷清晰的纸质文件在扫描其数字图像的同时，还采用 OCR 识别技术将扫描后的图像文件转换成文本文件，并建立文本与图像页面之间的对应关系。

实际工作中，应采取何种模式实现档案全文的数字化，需要根据实际情况做具体分析，不应强行规定，在决策时要考虑的因素包括：拟数字化档案的数量、潜在的利用需求（查询角度、查询频度和查询深度）；档案部门的存储条件与网络设施；档案目录数据库建设情况等。

（二）纸质档案数字化系统的基本结构

纸质档案数字化系统是一套将大批量纸质档案扫描加工成数字图像文件的软硬件系统。对于大批量档案的数字化，仅依靠个别扫描设备和计算机的分散式处理是不够的。必须建立起基于网络环境的流程式数字化加工体系。

（三）数字化输入设备的选择

投入使用的档案数字化加工系统大多采用扫描仪作为数字信息采集设备。

1. 扫描仪的种类

扫描仪通常分为高速扫描仪和平板扫描仪。高速扫描仪一般处理速度可达每分钟 20~120 页，还有单面扫、双面扫不同类型可供选择，其特点是扫描速度快，主要缺点是档案纸张状况较差时易损坏原件，故珍贵档案不适合选用该设备进行加工处理。平板扫描仪处理速度较慢。

2. 扫描仪的性能指标

（1）扫描速度

扫描速度是表示扫描快慢的指标。高速扫描有利于提高工作效率，缩短档案信息数字化的时间。

（2）扫描分辨率

扫描分辨率是决定图像质量的关键因素。选择扫描仪绝不是分辨率越高越好，因为扫描精度提高 1 倍后，其扫描速度会大大降低，且生成的图像文件大小将呈 4 倍增长。如果扫描分辨率超过一定数值，再清晰的图像也不可能打印出来。一般而言，纸质档案数字化选择 600dpi×1200dpi 分辨率类型的扫描仪即足以应付文字输入。

（3）色彩分辨率

色彩分辨率是表示扫描仪分辨彩色或灰度细腻程度的指标。

（4）动态密度范围

动态密度范围用来表示扫描仪所能探测到的最淡颜色和最深颜色间的差值。范围越宽，表示扫描仪可捕获到的可视细节越多。该指标对高性能专业扫描仪十分重要。

（5）灰度级

灰度级用来表示灰度图像的亮度层次范围。级数多，说明扫描仪图像的亮度范围大，层次丰富。多数扫描仪灰度为 1024 级。

（6）扫描仪的接口方式

扫描仪的接口方式主要分 USB 和 SCSI 两种。USB 接口速度较快，安装方便，可以带电拔插。SCSI 扫描仪安装时需要在计算机中安装一块接口卡，安装较复杂，价格较高，但速度快，扫描稳定，扫描时占用系统资源少。

二、纸质文书档案数字化步骤

（一）档案整理阶段

1. 档案出库

一般来说，大批量纸质档案数字化，首先须将待数字化档案从档案库房搬移至临时周转库房；然后，数字化加工人员从周转库房领取档案进行数字化。无论前者还是后者，数字化加工人员都须按照预定计划，提出申请，经过审批，交接双方清点档案，实行登记，完成档案的交接手续。

2. 拆装

档案在拆除装订前可逐卷加贴条形码，以便在随后流程中通过识别条形码对扫描档案进行准确、高效的控制。该条形码还可为以后档案借阅利用管理提供便利。然后，工作人员逐卷、逐页检查档案。对内容缺失、目录漏写、页码颠倒，以及珍贵、破损的案卷进行登记，并提请档案保管机构妥善处理。

对于不去除装订物会影响扫描工作的档案，应拆除装订物。拆除装订物时，应注意保护档案不受损害。拆除装订物之后要将档案原件排好顺序，并用夹子夹起防止散乱。对于年代久远、纸质条件较差、不便于拆卷的，可采用零边距扫描仪扫描。

3. 页面修整

纸张的质量关系到扫描仪的选择和扫描效果，因此，需对严重破损、褶皱不平、字迹模糊的档案做好登记，分别处理。如对有褶皱的档案，可进行熨烫；对被污染的纸张，可在通风环境中用软毛刷轻轻刷去浮尘、泥垢或霉菌；对破损残缺的文件，需进行修补。

4. 档案及目录的检查、整理

检查整理时主要注意以下几方面。

（1）检查档案的顺序

基本原则是档案页号按顺序连续排列。需要在档案原件上重新标注页号时，必须使用标准档案页码章，加盖在档案的右上角，位置需统一，并不得用手写页码。

如果在档案原件中出现档案漏编页码时，可视下列情况具体处理。

①中间任意两页之间的空白页需以“×-1，×-2”补编页码

例如，第7页与第8页之间有4页没有编页码，则依次编为“007-1，007-2，007-3，007-4”。若空号为一份档案的首页，则将该页编为正码，其他页依次编为副码。例如，第7页与第8页之间有一页未编码，而该页正好是P8所在档案的首页，则将空白页编为“008”，而原第8页编为“008-1”。以上补编页码需在电子目录与卷内文件、案卷内的目录、档案目录上依次注明增加的实际页数。

②出现跳号

若前后两份档案内容完整且连贯，但编码时跳号，如第1页与第2页分别编码为“001”和“004”，则需在电子目录与卷内文件、案卷内的目录、档案目录上依次注明“P2，P3为跳号，无实际内容”。

（2）检查档案目录所有的项目

包括题名、文件编号、责任者、日期、顺序号、页号、备注，保证其准确、完整，并与档案原件内容一一对应。要求一份档案对应一条目录，并仔细检查每份档案是否完整。如有档案漏编目录，应补编目录。正式档案若为复印件，则需在该档案首页的右下角加盖“复印件”章，字号要求5号字。

①题名

要写全，与档案完全相符，不能随意删减、省略，要做到一字不落。凡题名中只写了“通知”“委托书”“支持信”“承诺书”“确认函”“抵押书”“公证书”“协议书”“申请书”“工作动态”“简报”等字样的，必须重新拟写一条简洁的题名反映档案的内容，外加“［］”号。凡档案内容涉及有关人物的姓名时，必须在题名项中照实著录。例如，题名为“有关张三等同志的任免通知（李四、王五）”，此时必须根据正文内容将“张三等”后面省略的人物姓名（如李四、王五）完整地著录。

②文件编号

要写全，照实著录。

③责任者

同一责任者必须用统一名称。例如，在所有档案中责任者为“珠海市档案局”时，需统一名称，不得使用其他名称，如“市档案局”。

④日期

需写全年、月、日，格式为××××. ××. ××。档案中存在多个日期的情况时，应按照该档案的主要责任者所对应日期著录。

⑤顺序号

按照档案的合理排列，要求一份档案对应一条目录，一条目录对应一个顺序号。

⑥页号

填写首页页号即可，但每卷最后一份档案的起止页号都要填写。应在页码后加“—”标示本卷结束，如“99—100”。如果最后一份档案只有一页，也必须用“—”表示结束，如“99—99”。

⑦备注

应标注档案密级，无密级的可不写。

（3）检查案卷封面上的项目

包括全宗名称、类别名称、案卷题名、案卷所属年度、保管期限、卷内文件件数、页数、全宗号、目录号、案卷号等是否与案卷实际内容一致。

（4）花名册、介绍信及其他类型档案的整理

①花名册整理方法

A. 题名按名册全称著录。B. 责任者一律为名册上印章所对应的批准单位，无批准单位印章的以填报单位所写字样为准录入。C. 花名册及其他名册均不需著录人名。D. 日期写填报日期或批准日期，若有多个日期则录入一个即可。

②介绍信、报到证、工资转移证、农转非存根整理方法

A. 以上类别档案中的人名必须如实录入，要求准确无误，少量看不清楚的字迹要核实后再作修改，如“党员介绍信存根（张三、李四、王五）”。B. 责任者和日期应为档案中本章所对应的单位和日期。

此外，任免、出访、优秀人员批件（教师、党员、干部……）等档案中涉及

有关人物的姓名必须在题名项中照实著录。

（二）目录数据修改阶段

1. 电子目录数据修改

对照查改后的档案目录修改电子目录，要注意经常保存，以免数据丢失。进行电子目录数据修改时，主要应注意以下著录项的修改。

（1）档案题名

题名要写全，照实著录。

（2）责任者

录入多个不同责任者时，必须用“/”分隔开，如张三/李四/王五。

（3）文件编号

录入多个不同文件编号时，编号之间必须用“/”分隔开，如××/××/××。

（4）文件时间

需写全年、月、日，格式为××××. ××. ××，中间必须用“.”隔开。档案中存在多个日期的情况时，按照该档案的主要责任者所对应日期著录。如果档案时间没有月和日，只有年份，则分别用“00”代替月和日，如“2007. 00. 00”；如果档案时间没有日，只有年和月，则用“00”代替日，如“2007. 11. 00”。

（5）人名

凡档案内容涉及有关人物的姓名，必须如实录入，要求准确无误。多个人名之间必须用“/”分隔开，如张三/李四/王五。花名册档案无需录入人名。

（6）页号

填写首页页号即可，但每卷最后一份档案的起止页号都要填写。应在页码后加“—”标示本卷结束，如“99—100”；如果最后一份档案只有一页也需用“—”表示结束，如“99—99”。

（7）密级

按档案标注的密级著录，无密级的标注“无密”。

（8）页数

录入该份档案的页数。

(9) 全宗号

输入时必须采用3位数，不足3位数的在前面补0，如“15”应为“015”。

(10) 保管期限

按档案目录本上标注的保管期限著录。

(11) 目录号/年度

归档改革前的档案，按档案目录本上的目录号著录，分别用“A1·×、A2·×、A3·×”表示，“×”为目录的流水顺序；归档改革后的档案，按文件归档的年份著录。

(12) 案卷号/机构

归档改革前的档案著录案卷号需要使用4位数，如果不足4位，则需要在前面补“0”以确保案卷号的一致性和规范性。归档改革后的档案，案卷号则统一录入为“0”。如下面的例子：

归档改革前的案卷号：如果原始案卷号是“15”，按照规定，应该补足到4位数，即“0015”。

归档改革后的案卷号：无论原始案卷号是多少，都应录入为“0”。

(13) 顺序号/件号

归档改革前的档案著录顺序号，必须采用3位数，不足3位数需在前面补“0”，如“15”应为“015”；归档改革后的档案著录件号，必须采用4位数，不足4位数需在前面补“0”，如“15”应为“0015”。

2. 电子目录数据检查

对照修改后的电子目录进行检查，保证档案的电子目录、卷内文件、案卷内的目录、档案目录四者一致。

（三）档案扫描挂接阶段

1. 档案扫描

(1) 扫描设备选择

必须采用专业文件扫描仪，按照CCITT Group4压缩为标准格式或者标准TIFF格式。扫描以黑白为主，对于原件不清和字迹较淡的档案，扫描时必须用灰度或真彩模式扫描。

（2）扫描色彩模式选择

扫描色彩模式一般有以下两种。

一是扫描形成黑白二值图像。这种图像只有黑白两级，没有过渡灰度。其特点是黑白分明、字迹清晰、文件容量较小。适用于扫描字迹、线条质量清晰的文字或图纸档案。

二是扫描形成连续色调静态图像。这种图像分灰度图像和彩色图像两种。灰度图像由最暗黑色到最亮白色的不同灰度组成。灰度级表示图像从亮部到暗部间的层次，也称色阶。灰度级越高，层次越丰富，文件所占容量也越大。灰度模式适用于扫描黑白照片、图像档案，色阶的选择要适度，只要不影响图像质量即可。彩色模式中的色彩数表示颜色的范围，色彩数越多图像越鲜艳真实，文件所占容量也越大。同样，色彩数选择也要适度，不是越多越好。彩色模式适合扫描页面中有红头、红印章的档案或彩色照片档案。需永久或长期保存，或向国家档案馆移交的档案，一般应采用彩色模式扫描。

2. 图像处理

扫描完成后，必须按照要求将所得图像进行技术处理，纠正档案扫描件和原件的偏差，使扫描后的档案图文更加清晰、规范。图像处理大致包括以下内容。

（1）图像数据质量检查

对图像偏斜度、清晰度、失真度等进行检查。发现不符合质量要求时，应重新对图像进行处理。由于操作不当，造成扫描的图像文件不完整或无法清晰识别时，应重新扫描；发现文件漏扫时，应及时补扫并正确插入图像；发现扫描图像的排列顺序与档案原件不一致时，应及时调整。认真填写相关表单、记录质检结果和处理意见。

（2）纠偏

对出现偏斜的图像应进行纠偏处理，以达到视觉上基本不感觉偏斜为准。对方向不正确的图像应进行旋转还原，以符合阅读习惯。

（3）去污

对图像页面中出现影响图像质量的杂质，如黑点、黑线、黑框、黑边等应进行去污处理。处理过程中应注意不要破坏档案的原始信息。

（4）图像拼接

对大幅面档案进行分区扫描形成的多幅图像，应进行拼接处理，合并为一个完整的图像，以保证档案数字化图像的整体性。

（5）裁边

采用彩色模式扫描的图像应进行裁边处理，去除多余的白边，以有效缩小图像文件的容量，节省存储空间。

以上纠偏、去污、裁边等处理，可以根据肉眼判断，人工操作完成。也可以用专门设计的软件，预先进行某些设定，然后由计算机自动处理。计算机处理当然效率高，但是没有人工处理灵活。例如，一旦将污点的大小尺寸设计得过小，计算机会将某些标点符号当作污点而自动去除。因此，扫描图像处理还需采用人工和自动处理相结合的方式。

3. 图像存储

（1）存储格式

采用黑白二值模式扫描的图像文件，一般采用 TIFF（G4）格式存储；采用灰度模式和彩色模式扫描的图像文件，一般采用 JPEG 格式存储。存储时压缩率的选择，应在保证扫描的图像清晰可读的前提下，以尽量减小存储容量为准则。提供网络查询的扫描图像，也可存储为 CEB、PDF 或其他版式文件格式。

（2）图像文件的命名

应采用档号或唯一标识符为数字档案资源命名。采用档号为数字档案资源命名的，若以件为单位整理，档号可采用“全宗号—档案门类代码·年度—保管期限—机构（问题）代码—件号·子件号”结构。

4. 目录建库

（1）数据格式选择

目录建库应选择通用的数据格式，所选定的数据格式应能直接或间接通过 XML 文档进行数据交换。该数据库建立可以通过专用的档案管理系统或扫描加工管理软件录入，也可以先在 EX-CEL 专门设计的档案目录表格中录入，然后将数据导入至档案管理系统。

（2）档案著录

建立档案目录数据库，并录入档案目录数据。

（3）目录数据质量检查

为了确保数据的准确性，可采用“单机录入—人工校对”或“双机录入—计算机自动校对”的方法。不管是人工校对还是计算机校对，都要核对著录项目是否完整，著录内容是否规范、准确，发现不合格的数据应进行修改或重录。

5. 数据挂接

档案数字化转换过程中形成的目录数据库与图像文件，通过质检环节确认合格后，通过网络及时加载到数据服务器端汇总。目录数据库与图像文件应避免采用既慢又容易出错的人工挂接，尽量采用计算机批量自动挂接。只要扫描制作的数字化文件是按纸质档案的档号命名，就可以通过编制挂接程序或借助相应软件，实现目录数据对相关联的数字图像的自动搜索、加入对应的电子地址信息等，实现批量、快速挂接。

6. 数据验收

以抽检的方式检查已完成数字化转换的所有数据，包括目录数据库、图像文件及数据挂接的总体质量。目录数据库与图像文件挂接错误，或目录数据库、图像文件之一出现不完整、不清晰、有错误等质量问题时，抽检标记为“不合格”。一个全宗的档案，数字化转换质量抽检的合格率达到95%以上（含95%）时，予以验收“通过”。

合格率=抽检合格的文件数/抽检文件总数×100%

认真填写纸质档案数字化验收登记表单。验收“通过”的结论，必须经审核、签署后方有效。

7. 数字化成果管理

应加强对纸质档案数字化成果的管理，确保其安全、完整和长期可用。纸质档案数字化成果提供网上检索利用时，应有制作单位的电子标识，并根据具体情况分别采用可下载或不可下载的数据格式。

（四）档案装订、归还阶段

按检查整理阶段确定的顺序将扫描完的档案装订好。装订时必须保持档案的原貌，不得更换卷皮，不得缺漏页，且按照档案原有的线孔装订。装订好后要将档案检查一遍，看案卷装订是否结实，有没有脱页，顺序对不对，档案及目录齐不齐。检查完毕后，归还档案保管处，办理归还手续。

第五章 档案信息化管理的创新模式

第一节 不同载体的档案进行统筹管理

在我国，信息化真正在各行各业应用起来并产生有历史价值和凭证作用的电子文件和数字化档案信息，是20世纪90年代以后的事情，有条件的档案馆也随之探索和开展档案信息化的初期建设和简单的案卷目录计算机化管理和查询利用。但从全国来看，依然还有很多档案馆（室）尚未启动信息化或还未真正将计算机和信息系统使用起来，各行各业档案信息化的应用水平也参差不齐，产生和形成的档案有模拟的，也有数字的，使用的载体有纸质的，也有光盘、硬盘和其他数字格式的。应该说，进入21世纪，我们处于一个纸质与电子、模拟与数字共存的状态，处于传统管理向现代管理转变的过渡转型期：档案馆内部存有大量的纸质档案、缩微胶片、录音和录像带等各种载体的实体档案，档案馆新接收的档案既有各种形式的电子信息，也有大量的纸质档案。在这个特殊时期，档案载体形式多元化、管理工作复杂化、技术手段多样化、服务利用个性化成为现实的挑战，而档案管理的组织和队伍却很难随之更新和发展。因此，随着档案资源和档案信息管理规模的不断扩大，档案信息的管理问题势必引起社会的高度重视，要求档案工作者思考统一的管理思路，兼顾所有载体档案的统筹管理。

一、档案目录信息统筹管理

无论是电子的还是纸质的档案，无论是手工管理还是采用计算机实行自动化管理，整理、分类和编目始终都是档案工作的重要组成部分，档案目录是各级各类档案馆（室）提供档案服务利用的基础信息，也是实现档案检索和提供档案利用的重要依据。馆藏的传统载体档案中，手写档案目录是最常见的方式，而新归档的各类档案会形成各种机读档案目录，或以 Excel、Access、Word 或以关系型数据库格式存储的数字形式的目录信息，为了方便档案利用者，档案馆（室）必须对已有馆藏和以后归档的所有档案的目录信息进行整合，按来源原则或信息分类方式分别进行整理、分类与合并处理，形成能够覆盖各类档案资源的目录信息，并采用档案管理信息系统对档案目录信息实行统一管理，实现目录信息的资源共享和统筹管理。避免目前一些档案馆的做法：数字化档案采用管理信息系统进行管理，纸质档案采用手工翻本的方式进行检索。在档案馆实施信息化的过程中，目录信息的数字化也是很重要的一项任务，不能由于工作量大、过去没有录入就成为历史遗留问题。

档案目录信息统筹管理的另外一个含义是案卷目录和卷内文件目录的关联管理，即尽可能将卷内文件目录也实行计算机化管理，并与其对应的案卷目录进行关联。当检索到案卷目录，就可以方便地浏览其卷内文件目录，提高检索的准确度；当检索到卷内文件目录时，也能够很快地定位到它所对应的案卷目录及其所在的库房存址，以方便调卷。

由于档案馆人、财、物等资源的限制，档案信息化工作也是一个循序渐进的过程，不可能做到一蹴而就，因此，需要根据业务工作需要的紧迫程度，首先解决重要问题。有些档案馆在信息化实施一开始，注重新接收档案的目录建设和全文管理，而将原有馆藏档案的目录和实物数字化作为二期工程进行实施。实力较强的档案馆则将两项工作并行开展，以加快档案数字化处理和信息化利用的效率。无论采取哪种策略和方式，档案信息化最终的效果是将档案馆的档案全部实行信息化统筹管理，既方便档案工作者，又方便档案利用人员，更能为未来档案资源的社会化服务与信息共享奠定坚实基础。

二、目录全文一体化管理

档案全文，一方面是指馆藏档案内容的数字化信息，如缩微胶片、照片以及纸质档案数字化形成的静态图像文件，磁带、录像带等经过模数转化后形成的声音、图像等多媒体文件；另一方面是指各机构使用计算机和办公自动化系统等产生的电子文件归档后形成的数字化档案信息。这些全文信息是档案的内容实体，与档案目录信息相比较，档案全文能够提供更详细、更完整和更准确的内容和信息。然而，很多档案馆在接收电子文件或进行数字化加工后，没有将这些原文信息很好地管理起来，而是将这些数字化全文和图像存储在光盘、磁盘或网络存储器上，与保管纸质档案一样，把他们放在库房中，甚至没有进行分类、编目，根本无法进行系统化管理或提供利用。这完全违背了馆藏数字化和接收电子文件进馆的根本宗旨。我们知道，数字化信息最大的特点是利用的方便性和检索的快捷性，档案馆花费大量的时间、人力、物力和财力开展馆藏档案数字化和接收电子文件进馆的主要目的是为了方便利用，对于使用频繁的历史档案而言，也起到保护档案的目的。

实行目录全文一体化管理是信息化管理中比较有效的一种方式，其工作原理是首先在档案目录中进行检索，缩小范围，然后再检索全文，以便准确定位查档目标。通常采取的方式是，将档案目录信息采取关系型数据库管理系统实行统一管理，将扫描后的图像文件和新接收的电子文件/档案以文档对象或文件形式存储在文件服务器或者内容服务器上，并通过一定的访问规则将档案目录信息与这些文件对象进行关联。在检索到档案目录信息时，就可以浏览和检索全文。如果在信息系统中，还需要按照系统设定的用户对目录和全文的浏览、检索权限进行处理。

很多档案馆在接收电子文件时，采用“目录全文关联归档”方式。这种归档方式是将电子信息分门别类，整理成方便检索的目录信息，并将电子原文与电子目录进行关联挂接，即将电子信息的目录与全文进行捆绑。具体实现思路就是把目录信息与电子全文信息分开存放，将电子信息进行分类、编目，形成档案目录信息，将目录信息存放在关系型数据库中，将电子全文存放在文件服务器或数据库的二进制存储对象中。因此，在实现电子信息归档时，必须做好分类编目、原文整理以及梳理他们之间的对应关系。同时与之相配套，需要建立“电子信息背景应用环境”自动下载中心，以确保电子文件/档案的可读性。

文件中心可以是一个将所有欲归档的信息集中到的一个逻辑管理中心，其物理位置可能是分布式存放在每一个业务系统内部，也可能是存放在档案馆的一个专门的服务器上，网络的使用已经模糊了电子信息的物理位置，只需要按照要求使工作人员方便管理、方便访问就达到目的。

在实际利用工作中，并不是所有有价值的档案都会被所有的档案利用者频繁查找，如工程设计或建筑系的人员需要经常查询的是工程图纸类的档案信息，而很少关心财务类的档案，而建筑专业的利用者基本上只查看此类档案的应用软件和浏览工具。正是基于档案利用者的这个根本需求和特点，因此“目录全文关联归档”方案是方便可行的，不需要像“脱机存储法”那样，针对每一类电子文件信息都记录它们的应用背景、环境信息，使存储介质中贮存了大量的冗余信息，造成资源浪费。但是，为了满足和方便利用者查看其他类电子档案信息，如单位领导可能会查看各类综合档案，“目录全文关联归档”方案采取提供“电子信息背景应用环境”自动下载并提示装载的手段，以满足对那些想查看数字档案信息，但其客户机上没有安装运行环境的网络用户的要求。

实施“目录全文关联归档”，要求档案工作者要转变传统的工作方法，从档案利用者的需求出发，分析档案被利用的范围和特点，遵循档案管理的原则和标准，对部门形成的数字化档案实行即时归档，即将“目录全文关联归档”的思想贯穿于电子档案形成的全过程。档案馆（室）的工作人员也要充分利用现代化管理手段，通过网络开展指导、鉴定、归档与管理工作，将工作重点转移到分析档案利用者的需求、开发档案资源的编研与开发、监控电子文件的形成过程，将工作模式从“被动接收”转变为“主动挑选”，将真正有价值的、值得保存的电子文件转化为未来社会需要参考和利用的档案资源。

档案信息的“目录全文关联归档”方案，充分体现了档案工作者在电子文件归档过程中采取的“主动服务、一体化管理”的全新理念，也保证了归档以后的电子信息能够获得科学有序的管理和提供利用。这种方案已经被很多档案馆所采用，并且推广应用于馆藏档案数字化处理后的目录信息与电子图像信息的管理中，这是目前我国档案信息化工作过程中值得借鉴和采纳的、行之有效的解决方案。

三、档案工作的“双轨制”

各行各业信息化的大力开展，必将形成大量的电子文件和电子档案，但这并不等于档案馆以后就不再接收纸质文件。由于电子档案的法律依据、永久保存和安全管理等方面还存在这样或那样的需进一步探究和明确的问题，而实践经验告诉人们，优良的纸质档案可以保存上千年。因此，在未来相当长的时间里，电子档案和纸质档案将长期共存，二者之间的共存、互动与消长构成了信息时代人类记载历史的特殊方式。“双轨制”将成为21世纪档案工作的主流模式。

“双轨制”是指在文件形成、处理、归档、保存、利用等过程中，纸质文件和电子文件二者同时存在，两种载体的文件同步随办公业务流程运转，同步进行归档、同步进入归档后的档案保管过程。实行双轨制的机构，在文件（包括收文、发文和内部文件）进入运转程序时就以电子和纸质两种载体并存，业务人员要对同样内容的两类文件进行并行办理。由此看来，“双轨制”的核心是从文件的产生开始就以两种载体形式记录各项社会活动的信息。这些记录中有保存价值的将作为档案进入归档阶段，将纸质和电子的记录同时移交到档案馆（室）。借助于网络环境、数字签名、身份认证等技术，确保电子文件从产生、审批、流转、会签、归档等各个过程的原始、完整、有效和可读，实现无纸化办公，成为21世纪人们追求高效率和科学化、规范化、自动化管理的现实需求。在这种形式下，是否还需要在文件的运转过程中实行“双轨制”成为大家关注的焦点和热点问题，也是学者们研究的重点。

就网络、电子环境本身而言，尽管他们存在先天的“不安全”和“淘汰快”等缺点，但每一种新的服务器、存储器、数据资源管理系统的出现都会兼容老的版本或者出台新的数据转换或迁移方法，目的是确保原来的电子数据不失效或可读。事实上，很多“读不出来”的“丢失的”数字化的文件和档案，究其原因主要是在计算机硬件环境和软件平台升级的特殊时期，没有及时做数据的转换或迁移工作，当属管理上的失职。当然，每一次转换或迁移都有可能破坏档案文件的原始性，或者丢失一些相关信息，这才是为什么要实行“双轨制”的根本原因。

彻底的“双轨制”需要投入很多人、财、物，在电子文件形成过程的管理上也很复杂。因此，很多单位采取了“双套归档”的做法：一种是将办公自动化系统中属于归档范围的电子文件在归档前，制作纸质拷贝，归档时将二者同时移交到档案馆；另外一种则是对纸质的文件进行数字化扫描和文字识别处理，形成纸质档案的电子拷贝。这样，保存的电子文件可以方便网络化利用，纸质文件则主要用作永久保存，有些单位则采用缩微技术，实现档案的缩微化保存。这些做法不可避免会增加档案馆接收档案和管理档案的复杂性，提高档案管理和保存的成本，但这依然是21世纪档案工作的主流方式。随着时间的推移，档案馆保存的纸质档案和电子档案的比例将会逐渐发生变化，但纸质档案将还会在相当长一段时间成为馆藏的主要成分。

因此，各档案馆需要根据自身管理档案的特点和所拥有的资金、人才、网络设备资源等状况，选择恰当的档案接收方式，开展档案的接收和档案信息化管理工作，比如，是全部档案做双套归档还是将重要的部分做双套归档，是在管理过程中随着档案利用的需要做数字化还是全部数字化等。在这一点上，每个档案馆的情况都不完全相同，因此无固定的模式可循。

第二节　文件档案实行一体化管理

一、文档一体化管理思路

（一）管理过程的互动性

文档一体化最重要的特点是：将现行业务系统的工作与档案工作实现互动与交叉。一方面使档案工作者从文件生成之日起就能够开展鉴定、归档及归档后的管理，通过前端参与和过程控制，加强为社会积累财富的执行力；另一方面也使得开展现行业务活动的工作人员增强了对档案的认知程度，不仅认识到，只有将有价值的文件完整归档并移交给档案部门进行保管才能算相应的工作真正结束，同时还要意识到，在开展现行业务系统的过程中，要责任明确、注意积累，记录电子文件活动全过程中所有重要的和有价值的信息，确保电子文件的真实性和完整性。管理过程的互动性加强了多方人员工作中的交流与沟通，对形成和积累有价值的、完整的、真实记载社会活动记录的电子档案具有非常重要的社会意义。

（二）应用系统的统一性

文档一体化管理模式的实现是文件和档案共同依赖统一的管理信息系统，并运行于同构的网络、服务器、数据库管理平台，采取相同的数据、文件存储格式，不同的是管理文件与档案工作人员对信息系统的操作权限有所不同。在文件的生成、处理、会签、审批等各业务工作处理阶段，业务工作人员拥有对文件的增加、修改、删除等权限，而档案工作者只有查看、浏览的权限。在文件结束其现行期业务工作之后，进入归档阶段时，由电子文件的归档整理人员进行筛选、整理，而档案工作者则开始履行电子文件的鉴定职能和归档前的指导工作。在电子文件归档形成电子档案后，档案工作者则需要开展电子档案的保管，并为档案形成单位和社会提供档案的服务与利用。应用系统的统一性使得在从文件到档案的转变过程中，不再需要数据转换和迁移，保持了文件信息的真实性和完整性，同时也降低了工作人员使用信息系统的复杂性，减少了使用过程中的错误发生率。

（三）工作流程的集成性

在传统的文件管理过程中，文件的形成、归档和作为档案保管与提供利用等环节，都将文件生命周期清楚地划分为三个相对独立的过程，即现行期、半现行期和非现行期，并通过现行业务工作部门、机构档案室和档案馆三个物理位置不同的部门分别完成各自的工作。而文档一体化则将文件、档案的管理流程实现了集成，要求在一个统一的系统内，有统一的控制中心，统一的工作制度，统一的且各有特点又互相衔接的工作程序，将档案著录、鉴定、保存和管理等工作贯穿于文件的形成、流转、会签、批准或签发、整理、鉴定、归档、移交、保存或销毁等各个环节，实现各个过程中工作流程的集成和信息的共享，而且能够根据不同的文件与处理要求定义特定的工作流程，实现流程的优化和个性化处理，提高了工作效率，降低了档案接收和保管的复杂性，避免了信息的多次录入和产生不一致信息的可能性。工作流程的集成性体现在以下几个方面：

1. 归档工作与文件处理业务活动的集成

各单位在采用办公自动化系统形成和处理文件时，可以考虑对重要文件贴上归档标记，保证其在处理完毕之后即可存入档案数据库。这个动作将一直被定位为将业务活动最后环节的归档，贯穿于电子文件处理的业务流程的各个阶段。

2. 归档工作和鉴定工作的集成

文件形成之日对重要文件做归档标记，是对文件保存价值的一个初始判断，档案工作人员在开展鉴定工作时，重点考虑带标识的文件。这样既保证了鉴定的质量，又提高了工作效率，使归档文件的质量控制和文件的技术鉴定工作得以同步进行。

3. 归档工作和用户权限设置、数据备份等安全保护活动的集成

归档意味着电子文件管理权由文件形成单位转移到档案保管单位，系统用户对文件的操作权限随之发生变化，另外归档过程中需要对归档电子文件做电子签章、做数据备份，这些工作都可以随着归档工作的结束同步完成。

4. 归档工作与档案整理工作的集成

归档的同时，系统将根据预先设定的档案目录信息著录的规则，实现自动分类、自动著录，然后，在人工参与下进行核对、再确认和添加档案室（馆）保管档案的其他元数据项的内容。

(四) 业务处理的自动性

文档一体化是在充分信任的网络、计算机和信息系统的数字环境下开展工作，采用信息技术和基于工作流程管理理念实现的自动化信息系统，不仅提高了工作效率，而且降低了错误发生的几率。同时，在一些业务处理环节增加了系统自动处理技术，如电子文件版本信息的自动跟踪、电子文件处理过程中的责任链信息的记录、基于管理规则实现的电子档案的自动标引等，都大大提高了业务处理工作的自动化程度，减少了人工操作的复杂程度。由于这些自动化的处理过程是通过系统进行身份认证之后自动生成并保存记载的，因而，大大提高了电子文件整个生命周期活动中信息记载的真实性和完整性。

（五）归档工作的及时性

通过对文档一体化应用系统的广泛使用，档案工作者能够随时对归档范围内的、已经完成现行期使命的文件实行鉴定、整理、归档和提供利用等工作。一旦电子文件的形成机构确认该文件已经结束现行期的历史使命，就完全能够实现即时归档、即时鉴定，避免以往通行的隔年归档中存在的各种问题，如丢失、泄密、滞后等。

（六）安全管理的有效性

文档一体化，一方面使电子文件归档过程变得简单、快捷，自动化程度高；另一方面使人们对电子档案原始文件与档案目录数据实现了同步管理，最大限度地减少了人工的干预，不仅提高了归档工作的效率，更重要的是大大增强了归档过程的规范性和安全性。至于网络和信息系统带来的安全风险，是能够通过采取各种现代技术手段得到控制和加强。

二、文档一体化实现方法

（一）文档一体化系统业务流程

文档管理的实际办公过程比较复杂，本书以公文产生、流转、审批、归档为例说明文档一体化管理的业务流程。有保存价值的电子文件经过整理、鉴定、审核、移交、归档到档案部门管理后，形成电子档案。

（二）文档一体化系统功能结构

通常情况下，文档一体化管理信息系统的功能包括系统维护、收文管理、发文管理、归档管理、文印管理和档案管理。这几个模块相互关联，内部信息集成化共享，真正实现了电子文件到电子档案的自然归档和一体化管理。

1. 收文管理

以电子文件的形式处理和记载上级公文、平级来文，用户可根据公文的登记日期、急缓程度、当前流转状态等过程信息快速有效地找到相关文件并进行相应的操作，主要包括收文登记、收文流转、文件催办、流程监控、文件发布等过程。

2. 发文管理

处理并转发内部制定的或外来的文件。电子文件起草后，均需逐级通过各主办与会签部门人员的审批和修改，最后提交领导签发，形成正式的公文，然后登记、归档。主要包括发文起草、发文流转（含修改留痕、文件套红）、文件催办、流程监控、发布等主要工作。

3. 归档管理

电子文件的归档大多采用以下两种方式，一是通过机构内部局域网的电子公文传输系统从网上实现自动归档，系统通过归档环节后，电子文件的管理权就移交给档案管理部门，成为电子档案。此时，其他业务人员能够按照系统授予的权限查询电子档案，但不可以修改。档案在归档环节中，系统需要设定各种技术措施如电子签章、完整性验证等手段来确保归档的电子文件是有效的、完整的。这种方式是文档一体化系统内部自动实现的功能，档案管理人员只需要按照系统使用要求进行合理的操作，关于系统的数据备份、安全性等措施需要按照档案法和电子文件归档标准与规范严格进行管理和实施，在系统设计之初，档案业务人员需要提出充分的需求才能保证文档一体化管理系统功能的完整性且符合实际工作的要求。二是各立卷部门在向档案馆移交纸质档案的同时，上交电子载体存储的各种信息，如磁盘、光盘等。这种方式主要用于一些重要的凭证性或机密性电子文件的移交，归档后的管理也应采取相应的物理隔离措施和安全防护方法，特别是涉密档案不能存储在网络上，防止泄密。

4. 档案管理

根据国家版本的电子档案归档与管理的相关标准，执行档案的移交、接收、审核、保存、管理、查询、统计以及提供服务利用等工作，档案形成机构可根据档案的信息类别或档案来源建立相应的档案信息资源库，并可根据归档年度、归档部门或档案实体分类等建立快速检索机制，方便借阅和提供利用。

（三）电子文件网络化归档的真实性保障方法

电子文件的归档过程包括电子文件归档产生的数字化档案信息（以下简称增量数字化档案信息）的形成、归档、管理和利用四个重要阶段，每个阶段都需要采取各种策略和方法保障档案信息的真实性。

现行期电子文件是增量数字档案的原生信息，这个阶段档案信息真实性保障的主要责任人是电子文件连续被处理的多个现行业务工作者，信息系统中常采用的技术保障措施是电子签名、日志跟踪、计算机处理等，在信息系统中记录和保存电子文件的形成、流转、审批到结束现行期业务全过程的原始信息和变动信息，形成电子文件的多个过程版本，并在终稿完成后，在档案专业人员的指导下，及时开展电子文件的归档工作。电子文件在现行期的任务结束后，其真实性风险因素主要取决于人为原因造成修改或者网络黑客有意篡改系统中记录的原始信息、过程信息和终稿内容。因此，保障真实内容的安全方法是建立电子文件的终稿转存库，实现电子文件从现行期系统中自动转入半现行期的提供利用的信息系统中，加强管理，增强系统的自动化处理功能，采取各种有效措施确保终稿的电子文件不被任何人修改。

进入归档阶段的电子文件，如果采取网络化归档方式，应重点防范网络上非法访问的篡改行为，以及网络传输过程中数据被修改的可能性。这个阶段，建立客户信任的专网传输通道是必要的也是很有效的，利用公网传输的用户可以考虑采用 VPN 技术实现网络化归档，充分采用 VPN 的数据加密、身份认证、访问控制、隧道封装技术等，以保障档案信息从信源真实地传送到信宿。对于密级较高的数据，采取介质归档比较稳妥。当然，这个过程中，归档单位对档案人员工作的管理制度和规范化操作要求依然是非常重要的。在这个过程中，档案专业指导人员的重点在于监督执行，并严格控制由于人工原因造成的失误。

三、文档一体化深化应用的要求

（一）提高认识、统一思想是文档一体化管理的基本要求

文档一体化的实质是将机构各部门相对分散独立的文件与档案统一为一个有

机的整体进行管理。这不仅能够加强档案部门对文件管理的超前控制，保证档案的质量，而且能够实现文档数据的一次输入，多次利用，减少重复劳动，节约人力、财力、物力和时间。然而，要想真正实现文档一体化管理，对档案工作者而言，特别是档案部门的领导，必须对文档一体化管理理念有一个全面、客观、科学的认识，并达成共识：使其充分认识到一体化管理的真正受益者是档案工作者自身，认识到新时期文档一体化的必要性和紧迫性，认识到这是时代赋予当今档案工作者的使命，只有这样才能够顺利推行文档一体化管理，加强自觉性，使他们面对困难，不逃避、不退缩，勇于接受新鲜事物，逐步实施和应用文档一体化管理模式来开展各项业务。

（二）加强电子文件管理的标准化与规范化

文档一体化管理，使电子文件与电子档案之间的关系更加密切，把二者放在一个综合的管理系统中，作为前后衔接、相互影响的子系统，统一地组织和控制整个文件生命周期的全过程。由于文件管理与档案管理的这种前后相承的关系，文件管理直接关系到档案管理的存在和发展，只有文件管理做到标准化、规范化，档案管理才能够顺利地展开。如果文件管理无章可循、紊乱不堪，可以想象档案管理各环节也会陷入忙乱无序的状态，这也会影响综合管理信息系统整体功能的效用。因此，必须强化电子文件管理的标准化、规范化，严格规范表达文件内部特征和外部特征信息的各项数据，为更好地推行文档一体化管理服务。

（三）加强培训和继续教育，提升档案工作者的综合素质

文档一体化管理要求档案工作者不仅具有档案学基础理论知识及专业知识，还必须掌握现代信息技术，熟练运用计算机及现代通信设备来操作网络化管理信息系统，要求档案工作者不断调整自己的知识结构，提高技能，加强综合素质的培养。如果不熟悉计算机，不懂网络知识，根本无法接受文档一体化管理思路，更无法开展电子档案的管理工作，也不可能参与到电子文件管理的全过程中。因此，加强档案信息化咨询与培训，开展现代档案管理专业知识和档案信息化技术知识的继续教育，是档案部门迫在眉睫的任务，也是实现文档一体化管理的前

提。否则，进行前端控制，开展电子文档的完整、有效和安全管理就成了一句空话。

第三节 推动档案资源的社会化利用

一、档案资源的知识化积累

档案的形成（鉴定、收集、整理与归档）是从个体知识到组织知识，再到社会知识转换的文化积累、动态跟踪的历史记载过程，档案的开发与利用（编研、开放、发布与利用）是人类传承文明、创新发展的进步与发展过程。这两个相互衔接、彼此推动的过程循环往复、推陈出新，构成了人类社会的知识化动增长（Adaptive）和社会化自适应的档案资源不断丰富的过程模型。这表明了档案文化通过“传—承—积累—发展—传”这样一种类似于文化加工厂的生产工序，随人类自身的繁衍而形成民族文化生生不已、无始无终的传承环链。

21 世纪初，我国的电子政务与各行各业的信息化已经进入了以知识管理为核心的快速提升和综合运营的重要发展阶段，信息技术的发展把知识管理推到了重要的位置，以知识为基础的经济社会的提法更表明了人们对知识和技术在经济增长中的作用有了更充分的认识。可以想象，未来的互联网是一个丰富多彩的“知识网”，是一个储存综合知识的文化资源大仓库。档案作为人类社会活动的原始记录者和忠实承载者，记录了人类社会成果的同时也揭示着人类文化，它是民族文化遗产的重要组成部分。

二、档案资源的共享化利用

社会信息化使档案信息资源面临着一个全新的生存环境与发展空间。档案应该记载“人类生活的方方面面”，档案工作者要“创造一个反映普通百姓生活喜好、需求的全新的文献材料世界”，档案馆藏是反映“人类生活的广阔领地”。因此，档案资源唯有回归社会，得到最大限度的利用，才能体现档案保管的价值和作用。事实告诉我们，实现档案信息资源的集成化管理和共享化利用是档案贴近公众、服务社会的最佳解决方案。

在我国，目前也有一些省市级档案馆开展数字档案馆建设，制定了符合各地区需求的数字档案的元数据格式规范，建立了档案目录中心，提供部分开放档案信息的检索服务功能，具有典型示范作用。比如福建省档案基础数据库建设，它是基于分布式数据库，在原来单机和局域网络的基础上开发完成，它连接了若干分布式数据库，并建立了档案目录数据库、档案内容数据库等。但是多数档案馆还没有真正建立全面的、系统的、面向公众查档需求的档案基础数据库，而只是建立了一些专门的特定主题的数据库，只能满足一些局部或特定的用户需求，特别是开放的档案信息资源没有实现集成，信息结构不统一，档案数据不系统、不完整、不能共享，更为严重的是，没有形成一个统一的、能够描述数字档案资源的格式规范和建设档案基础数据库的标准方法、实现档案资源的整合、组织与存储的技术方案和行之有效的建设思路。另外，建设档案基础数据库的关键技术如海量、非结构化的数据存储解决方案，基于知识管理的数据仓库和数据挖掘等技术尚未在档案信息化领域得到广泛应用，这些因素都大大降低了档案基础数据库建设的速度和质量，致使各类档案资源难以形成一个统一的资源库整体，限制了档案资源的深层次挖掘和广泛利用。因此，研究档案基础数据库的元数据标准集、数字化档案信息的格式规范以及档案基础数据库的建设思路和方法、各类结构化和非结构化档案数据的组织、存储和检索利用的关键技术、整合方案、提供检索服务和共享利用的有效机制等，将成为当前档案馆信息化建设重要的基础性工作。

三、档案信息服务机制变革

（一）服务方式由被动性向主动性转变

改变传统的被动服务方式，积极主动地开展档案信息服务。长期以来，在档案信息利用上，总是遵循一种传统的服务方式“等客上门”。这实质上与信息社会的发展极不协调，不利于档案信息价值的体现与发挥，封闭了档案信息表现价值的众多途径。档案信息的主动服务方式应该是“请客入门”。

具体的措施包括：

（1）开展针对档案利用者的利用需求研究，主动地提供档案信息利用，首先要广泛、深入地研究不同方面、不同层次的利用者；（2）进行必要的档案宣传工作，社会对档案还没有广泛地认识、了解，利用它就无从谈起了；（3）提供多种档案信息利用方式：编制多样化的检索工具，形成一个全功能、高效益的检索系统；加强编研工作，编研成果的出版发行及交流能将档案价值的精华系统、全面、集中地向社会公布，向档案信息利用者提供有效捷径；拓展档案信息中介服务机构。

（二）服务手段由传统型向现代化转变

计算机网络技术、数据库技术以及多媒体技术的发展使得档案信息服务手段发生了巨大的转变。借鉴相关学科数字化发展的研究成果，实现档案管理现代化应借助于数字化综合管理信息系统，把分散于不同载体、不同地理位置的档案信息资源以数字化的形式储存，以基于对象管理的模式管理，以网络化的方式互相连接，从而提供及时利用，实现档案信息资源共享。我国是发展中国家，经济和技术条件的制约决定了档案管理手段转变的长期性，传统的档案馆信息服务技术与服务手段将得到一定程度上的扬弃，将以新的信息传播循环方式提供档案信息服务。

（三）服务内容由单一型向多元化发展

通过网络等信息技术与其他档案馆、信息机构及整个社会信息资源建立起紧密的联系。其信息服务将增加新的内容：诸如档案信息资源网络化组织管理、档案信息资源的网络导航、档案信息的数字化开发与提供利用、档案用户的教育培训等。例如，在档案利用者的教育培训方面，就要在对利用者进行传统档案检索和获取方式的培训的基础上，重点帮助利用者学会如何利用数字化的信息资源、如何选择档案信息数据库、如何从网上获取所需的档案信息、如何操作远程通信软件等。档案信息组织方式、检索方式、采集方式，较之其他类型的文献信息来说，具有复杂多样、技术含量高、对利用者信息能力要求高等特点，而我国熟练使用档案信息的人很少，所以对档案利用者的信息检索能力、信息获取能力、信息筛选能力、信息识别能力的培养是一项档案信息服务的重要内容。

（四）档案资源由封闭性向开放性转变

在网络环境下，档案馆信息服务资源已不再仅仅局限于馆藏档案信息量等指标，而是着眼于档案馆获取档案信息、提供档案信息的能力。所以，档案馆在充分开发利用本馆馆藏档案信息外，还必须通过网络检索利用其他档案馆馆藏信息和网上信息资源。

建立档案信息资源的现代化管理系统，将档案信息纳入计算机网络，从而达到最快捷的信息资源利用效果。通过网络等信息技术实现档案信息价值的最大化，并最终取得档案信息服务于社会的最佳效果。这需要一个过程，从单机操作到建立档案管理信息系统网络、连接有关信息机构网站，最终并入国际互联网。从我国现实情况来看，这将有一个长远的过程，然而这必将是档案馆信息服务发展的终极目标。

（五）档案资源由单一型向多样性转变

档案馆提供的单一信息服务的资源是以收藏纸质档案为主要内容。在网络环境下，档案馆综合信息服务模式的服务资源则要朝着多种载体形式并存的方向发展，包括各种电子文件、光盘、多媒体、缩微载体和声像载体等，尤其要增加数字化馆藏资源的建设。网络环境下的数字档案馆所拥有的完整的馆藏含义应该是“物理实体馆藏+数字化馆藏”。我国档案馆在档案信息数据库建设方面的任务是：在保留传统档案文献的同时，应通过协作与协调，在一定程度上对馆藏资源进行数字化，要注意将各馆独特价值的馆藏文献数字化，制成光盘或上网传播，使各馆上网信息独具特色，并在此基础上形成一个档案信息网络。

四、档案文化产业的形成与发展

（一）更新观念，关注现实，按照先进文化的理念管理档案

按照先进文化的理念管理档案是摆在我们面前的极其重要的任务，也是历史赋予我们的重任。在理论上有所突破的同时，更应关注现实实践的探索与应用。就档案文化产业的功能而言，主要体现在利用档案资源为人类各种活动提供的服务上，而不在于其能否营利和在多大程度上营利；其服务的对象应该有社会性和广泛性，应该包括对社会各阶层、各领域的服务。当然，这种服务有一部分应该是有偿的，但其公益性决定了必须是微利的。事实上，档案的有偿服务已经在档案利用方面体现出来。可以预言，今后可能有多种收入渠道建立起来。档案有偿服务是一个十分复杂的问题，赢利在现阶段很难作为档案文化产业建立的前提，档案文化的发展也不可能靠档案部门自身的有偿服务来维系。

（二）以政府改革为契机，调整工作体系，转变职能，创新档案文化发展体制

档案管理体制改革势在必行，应以政府改革为契机，调整档案工作体系，转变职能，适应知识经济时代档案文化发展的需要。可以考虑将学会改为协会，发挥协会工作制的积极作用，将教育培训、沟通协调、评估等协同工作交给协会来开展。政府要把档案工作列入经济社会发展计划，各地方或专业协会的职能要用法律形式固定下来，以协会为纽带，以档案馆（室）为实体，加强档案局的执法监管力度，重构新型的档案管理工作体系。从功能上讲，档案局的工作重点放在如何保证国家对档案的依法管理和国家对档案资源的所有权，主要职能是要体现依法监管和服务。档案协会是以服务为主、监管为辅的行业组织。

档案馆是档案工作实体，作为协会成员，应履行会员义务，缴纳会费，得到协会提供的服务，并接受协会监管。同时，协会也是档案工作或从业人员利益的保障组织，在依法治档和保守国家秘密的前提下开展活动。

（三）以信息化为手段，促进档案行政管理体制改革

现行的档案上解制度、馆藏优化工作是长期未解决的重大课题。信息化工程的实施可以将档案的实体管理与信息管理实现物理分离，改变或取消多年沿袭的档案上解制度，仅此一举，就能为档案工作节约巨大的人力物力。在目前情况下，档案信息的网络服务则能从根本上打破多年来档案重保管、轻服务的状况，根本改变人们对档案工作的认知程度，这对开发档案信息资源意义十分重大。我国信息化的理论和实践都证明，在实现管理机构的扁平化、提高行政效能等方面，信息技术起着重要的能动作用。就行业特点来讲，档案也是发挥信息化功能的最好应用领域之一，依靠信息决策依然是档案高层管理的主要理念，特别是办公自动化与电子文档管理的集成，现在和将来都是政务与企业信息化的重要方面。档案信息又成为各类数据仓库与决策支持系统的基础数据组成部分，为电子政务所必需。

（四）开展旨在建设先进文化的各类档案收集、利用、宣传、服务活动和项目

我国档案文化产业活动主要依靠政府财政拨款的支持，在一个较长的时期内，仍会以这种方式为主。各类档案文化活动相继开展，如教育、展览等活动取得了比较好的社会效益。重大事件和个人档案的征集工作也有新的突破，但在认证服务和各类提供凭证性的服务工作中，作为档案部门的特色服务方面仍无章可循，存在很大的随意性。在现有机制下，档案的收费服务规定也不统一，主要是科技、教育及文化档案本身的市场化利用没能反映知识产权的价值。在以后的改革和新的管理体制下，这些方面应该有所突破。今后，在档案服务方面，通过网络计算机提供的档案信息服务将成为档案文化服务的主流，这种服务无疑是面向全国经济政治的各个领域，其范围也将是全国化和国际化的，如果没有市场化运作的保障机制，将是不可能实现的。

（五）提高档案工作人员或从业人员的综合素质

提高档案工作人员或从业人员的综合素质是档案文化得以发扬光大的关键。

近年来，档案人员文化素质的变化很大。但是改变档案人员“档案保管员”“资料保管员”的形象以适应现代社会发展，还需要一段较长的时间。档案工作者应该具备所在行业的普遍性常识和档案管理的专业知识，要掌握信息化知识、基本的计算机操作技能和数字化档案的管理与备份技巧，还要有文化产业要求的市场开发能力和服务能力，达到信息时代的公务员与文化工作者的双重要求。这无疑是对现在档案工作者的挑战。

我国正处在以档案文化产业政府监督与资助下的公益性档案服务事业为主、以商品化档案文化产品市场为辅的格局中，各级政府和档案部门正积极筹划，以深化改革为契机，把档案文化推向社会，推向市场。相信将来有一天，人们必定会迎来一个档案事业发展的新时期，档案文化将成为社会文化产业中的一朵奇葩。

第四节　档案资源实行多元化保存

21世纪，社会信息化的普及与应用使档案信息的保存与管理呈现多元化趋势，档案的保存方式正从以纸质档案为主的传统载体走向光、电、磁、网络等新型载体，而且随着数字档案信息量的不断增长和扩大，档案的管理和存储问题势必引起社会的高度重视。

一、介质存储

从古至今，介质存储一直是保存档案的主流方式，不同介质承载的档案本质属性并无差别，都是人类认识世界和改造世界的历史记录，是社会的重要信息资源。人类曾以石器、竹器、纸张、磁带、缩微胶片等作为载体记录档案的内容，而在网络信息时代，由于档案的形成在很大程度上依赖于计算机及其应用系统环境，档案信息以数字形式展现给人类。为了保存这些数字形式的文件和档案，人类发明了软盘、磁盘、光盘等存储数字信息的新型载体，使用这些载体，人们能够方便地存储、迁移、展示和传播档案信息，开展深入的编研开发工作，为社会提供档案利用的多样化服务。与传统档案载体相比较，数字形式的档案载体为公众提供了灵活、方便利用档案的机会，而对于习惯了保管传统载体档案的档案工作者来说，面临的新挑战是如何将这些新型载体档案进行永久保存和广泛利用。

关于数字资源永久保存问题的研究，国内外已经有很多单位付出了努力，有的致力于提高数字信息载体的寿命，有的则在扩大载体的存储容量、降低存储成本上下功夫。以光盘为例，自 20 世纪 90 年代中期以来，光盘作为现代数字信息存储载体，以其制造成本低廉、容量大、使用方便、保存时间长等特点而正在取代许多传统信息存储载体如纸、磁带等。光盘的使用越来越广泛，而且随着光盘技术的发展，光盘的容量越来越大，从 CD、VCD、到 CD-R、DVD 及 CD-RW、U 盘等新产品层出不穷。然而，正是由于数字信息载体的更新换代太快、太频繁，尽管一代代产品的兼容性越来越好，但由于档案这一固定内容的“原始性不能被修改”的属性决定了档案具有快速发展和频繁更新的特殊性，肩负保管社会历史记录重任的档案工作者，不仅要考虑档案信息利用的深度和广度，还需要重视档案的完整保存和真实有效。因此，很多专家提出了 21 世纪“双套制”工作策略并被很多单位所采纳，即将有保存价值的电子文件归档时，同时做一套纸质备份或制作缩微胶片，延长档案的保存寿命，将存储在数字信息载体上的档案主要用于提供利用服务和载体备份。“双套制”是过渡时期档案管理的一种可操作解决方案，在一定程度上减轻了档案工作者保存档案的压力，但增加了管理过程的成本。在实际工作过程中，很多单位采用纸质、缩微、数字信息载体各制作一套备份，这样，制作成本、管理成本呈现持续上升的趋势。应该说，随着档案信息量的增大，这种方式很难持续较长的时间。另外，并不是所有的数字档案都能够制作纸质或缩微的备份，只能以数字载体形式进行存储，这就需要加强管理，制定长期保存数字档案数据的管理规范和规章制度。在选择较长寿命存储载体的前提下，定期进行检查，根据需要做数据迁移，并在数据迁移的过程中确保档案的真实、完整和有效。因此，我们期待具有较长寿命和稳定特性的数字信息存储载体问世的同时，更需要提高现代管理的水平，保证工作的有效性。

二、网络存储

数字档案信息的产生是历史的必然，也是社会公众对档案利用渴望的结果。

档案记载着历史，传承着文化，档案信息对人类社会的发展与进步起着承前启后的作用。在数字化高速发展的今天，网络已经渗透到社会各个领域的日常运营管理中。具有海量存储性能的网络存储产品及其组织与管理数字信息的软件系统的问世，为数字档案的存储提供了可能。各级机构建立的互联网、专网和内网则为档案的网络化收集、整理、归档、存储、传播、利用提供了基础平台。

网络存储领域最典型的代表有直接附加存储、网络附加存储、存储区域网以及内容寻址存储。事实上，DAS、NAS、SAN 和 CAS 是集数据存储硬件设备和数据管理软件系统为一体的存储解决方案。区别于介质存储的脱机方式，网络存储的主要作用是提供数字信息的在线访问，而数据管理则是解决网络上数据的组织、存取与访问方式，目的是管理数据并提供访问机制。通常采用关系型数据库管理系统（RDBMS）、文件数据管理系统和内容存储管理系统等。

网络存储技术解决方案是将数据存储与数据管理技术紧密结合起来，提供存储和管理的一体化解决方案。所以，存储管理软件与存储器硬件设备在网络存储管理方案中占有同等重要的地位。网络存储未来的重点已经不仅仅是硬件技术本身的问题，而是如何高效地对存储资源进行管理。存储管理应该包括三个基本范畴：设备管理、用户管理和数据管理。

另外，需要指出的是，在选择网络存储的硬件设备时，数据通信接口标准是非常重要的因素。有两种技术标准即光纤通道技术和 IP 存储技术。光纤通道技术是由存储网络工业协会（SNIA）推出的存储管理接口规范（SMI-S），是一次革命性的进步。其主要目标是使不同的存储设备供应商提供的系统之间能够互相兼容。SMI-S 的部分基础是建立在分布式任务管理通用信息模型（CIM）上的，它是一个面向对象的信息模型，定义了系统构件的物理和逻辑结构。CIM 则是基于 Web 的企业管理的一部分，它包括一个基于 XML 的加密规范和一个通过 HrITP 访问模式化对象的方法。SMI-S 的主要目标是提供一个基于标准的管理接口，使存储设备上的数据可以被视为逻辑组件，如逻辑单元、存储池等。在理论上，SMI-S 可以给网络管理员提供一个在不同供应商提供的设备中发现设备的标准接口，而且，通过这个接口可以收集设备的配置、状态信息以及上述逻辑单元的信息。光纤通道技术对那些要求可靠、高性能的高端 SAN 用户是一个技术风险较低的选择。但它的高成本、有限的可操作性、相对还不太成熟的标准，决定了它并不是对所有的用户都很合适的技术产品。IP 存储技术的最新进展是 iSCSI 技术，它使 SCSI 指令封装于 TCP/IP 协议中传输。iSCSI 既有光纤通道技术的部分优点，又继承了以太网和 IP 技术的优点。另外，iSCSI 也克服了光纤通道技术的距离限制。理论上，用户可以以一个相对较低的投资实现 WAN 上的远程复制。最初的应用是具有 iSCSI 光纤通道技术的桥接路由或网关，未来将发展为端到端的 IP 连接。iSCSI 兼容的设备要比光通道设备便宜得多，因而有更广泛的市场。由于 iSCSI 是进程敏感型的，软件驱动和标准的以太网卡也许无法有效地支持它。因此，需要开发 TCP/IP 卸载引擎或者 iSCSI 主机总线适配器技术。其他 IP 存储技术包括 IP 网络上的光纤通道技术，它可通过 IP 通道将两个光通道帧汇集成单一帧。iFCP 是网关到网关的访问方法，它将光通道帧封装到 IP 包中，在 IP 地址和光通道设备间建立映射，以实现光通道存储设备之间的传输。iSNS 是 iFCP 和 iSCSI 系统中用于设备发现的协议，这几个协议目前都是 IETF 的标准草案。FCIP 和 iFCP 的主要驱动都是在 SAN 上的扩展，它使用户能够实现长距离的远程复制，iFCP 和 FCIP 可以很好地应用在一起。

三、备份管理

网络、计算机、信息系统的深入应用和普及，各档案馆（室）网络系统内的服务器和网络存储设备担负着关键的应用，存储着重要的信息和数据，为领导及业务部门提供综合信息查询的服务，为业务部门提供数据处理、辅助业务处理和数据存取与访问等功能，为网络环境下档案利用者提供快速高效的信息查询、检索和利用等的各项服务。因此，建立可靠的备份系统，保护关键应用及档案数据的安全是信息化应用中的重要任务，在网络、系统发生人为或自然灾难的情况下，保证档案数据不丢失，系统能够得到快速恢复，尽量将损失降到最低，所以，备份也是保障数字档案安全存储的一个重要方法。

一个完整的网络备份方案应包括备份硬件、备份软件、备份数据和备份计划四大部分。

备份硬件通常采用硬盘介质存储、光学介质（光盘和磁光盘 MO）和磁介质

（磁带）存储技术。与磁带或磁带机存储技术和光学介质备份相比，硬盘存储所需的费用是比较昂贵的。磁盘存储技术能够提供容错解决方案，但也很难抵御用户的错误和病毒；光学介质备份提供了比较经济的备份存储解决方案，但它们所用的访问时间比较长且容量相对较小，当备份大容量数据时，所需光盘数量大，管理成本增高；磁带具有容量大且可灵活配置、速度相对适中、介质保存长久（存储时间超过 30 年）、成本较低、数据安全性高、可实现无人操作的自动备份等优点，但检索起来不太方便。

备份软件主要分为两大类：一是各个操作系统厂商在软件内附带的，如 NetWare 操作系统的“Backup”功能，NT 操作系统的“NT-Backup”等。二是各个专业厂商提供的全面的专业备份软件，如 HP OpenView、Omni Back Ⅱ和 CA 公司的 ARCserveIT 等。选择备份软件时，不仅要注重使用方便，自动化程序高，还要有好的扩展性和灵活性。同时，跨平台的网络数据备份软件能满足用户在数据保护、系统恢复和病毒防护方面的支持。一个专业的备份软件配合高性能的备份设备，能够使损坏的系统迅速起死回生。

备份计划是备份工作中的管理功能，是备份策略的具体描述。规定每天的备份以什么方式进行，使用什么介质，对什么数据，在什么时间进行以及系统备份工作的实施细则等。备份方式主要有全备份、增量备份和差分备份。全备份所需时间最长，但恢复时间最短，操作最方便，当系统中数据量不大时，采用全备份最可靠。增量备份和差分备份所需的备份介质和备份时间都会少一些，但是恢复起来要比全备份麻烦一些。用户根据自身业务对备份窗口和灾难恢复的要求，应该进行不同的选择，以得到更好的效果。

备份数据是备份工作的内涵所在，按照备份计划将网络系统中有用的数据、程序、文件等备份到预先选择的存储介质中，以保证数据意外丢失时能尽快恢复，将用户的损失降到最低点。

这里，需要重点指出的是，灾难备份与恢复是档案信息化中应采用的重要措施，这是由档案的不可再生性及其原始特殊性所决定的。灾难备份与灾难恢复措施在备份工作中占有相当重要的地位，它关系到系统、软件与数据在经历灾难后能否快速、准确地恢复。灾难主要包括地震、火灾、水灾等自然灾难，以及战争、恐怖袭击、网络攻击、设备系统故障和人为破坏等无法预料的突发事件。尤其在网络病毒传播速度非常快的今天，如果没有一定的应急响应能力，突发事件将给社会带来灾难性的后果。加强灾难备份，建立应急响应措施，就可以做到减少灾难所带来的社会成本和压力。在信息化环境下，灾难备份是应对突发事件、保护信息的相应的防范。尽管灾难备份建设是一项比较复杂、周密细致的系统工程，涉及灾难备份中心选点、灾难备份中心建设、机房建设、基础设施建设等内容，同时还涉及灾难备份系统建设、专业运营队伍建设、灾难备份中心运营管理体制建设和灾难备份中心运营管理等工作。不仅需要投入大量人力、物力和财力，还需要考虑灾难备份系统的实施所面临的技术难度以及经验不足所带来的风险，而且需要考虑长期运营管理方面的资金投入。但作为21世纪的档案工作者，在开展档案信息化建设之初，就必须引起足够的重视。

第五节 数字档案实行安全性保障

一、数字档案安全保障的基本思路和方法

（一）建立技术保障体系，提高网络与系统的安全性

1. 保障网络安全

启用入侵检测和访问控制的联动服务。网络安全主要包含两层含义，一是基础设施、网络与计算机设备等硬件设备的无故障运行，其安全性关键在于要购买优质的硬件设备并在运行过程中加强管理和维护，确保科学使用，这一点只能靠机构中的人和制度来保障；二是保障合法用户的正常使用，确保网络上信息资源不被非法用户盗窃、更改。防火墙和入侵检测技术是常用的保障网络安全的两种手段，入侵检测技术侧重于监测、监控和预警，而防火墙则在内外网之间的访问控制领域具有明显的优势。如今，面对网络攻击手段复杂度的不断提高及融合能力的逐渐加强，在网络层采取安全技术的集成化应用和安全产品的联动启用措

施，全面提高网络的综合防范能力，已经成为人们保护全网安全的重要举措。

2. 保障系统安全

加强升级服务，做到无漏洞运行。几乎所有的操作系统及其提供的应用与服务均已发现有安全漏洞，并且越流行的，其安全问题越多。目前各操作系统的开发商已经开设了专业通道，提供升级服务的补丁程序下载、安装和检测服务，而且大多是免费的。因此，能否做到系统的无漏洞运行，关键在于人们是否使用正版软件，增强安全意识，并做到及时升级，及时打补丁。对操作系统的安全，除了不断地增加安全补丁外，还需要时常检查系统的各项设置，如敏感数据的存放方式、访问控制机制、密码更新的频度等基础性策略，并充分利用操作系统提供的强大功能，首先建立基于本机操作系统的安全防御与监控系统，保障各客户端的无漏洞运行。

3. 保障档案信息系统的安全

采取防偷窃及基于生物识别的强身份认证措施。档案管理信息系统是特定的应用程序，它的安全主要取决于：是否是合法的用户在合法的权限范围内执行了合法的操作，做好系统用户的安全管理，不给偷窃者以机会。保障合法用户的做法是采取强身份认证、加密和防密码偷窃等技术，如指纹识别、虹膜认证等，都是确保用户身份的高安全性技术措施，生物识别技术已经广泛应用于硬盘加密、数据加密、身份验证等环节。而对于合法用户越权操作与非法操作的情况，主要取决于内部安全管理制度和措施的有效性实施与落实。

4. 保障档案数据的安全

实行隔离、加密、灾难备份等措施。安全管理的最终目的就是保障网络上传输的、系统中存储的、用户访问到的档案数据和信息是真实、完整和有效的，并保障系统操作者能够方便地访问自身权限范围内的数据，杜绝无权用户进入系统。因此，数据加密、硬盘加密、文件系统加密、增加系统存储的复杂性等都成为保障数据安全的有效措施。对于保密和绝密的数据应采取物理隔离，不允许上网操作。而异地备份则是避免地震、火灾等的重要防范措施，更是确保档案信息安全必不可少的重要备份措施，任何档案保管机构都应建立灾难备份系统。

5. 病毒防范

建立网络化的病毒防范体系，实现病毒库的同步升级。几乎有网络和计算机存在的地方，都会有病毒。谈毒色变的主要原因是不了解病毒的工作原理，病毒泛滥的主要原因是病毒库不及时升级。因此，每台计算机上都应安装防病毒软件系统，并及时更新病毒库。而对于网络环境下的一个组织而言，病毒杀不尽的原因则是网络上至少有一台机器有病毒，并在网上扩散传播，因此，购买网络版的防病毒软件，建立网络化的病毒防范体系，实现病毒库的统一管理，同步升级，是防范病毒侵害数字化档案信息的有效措施之一。同时，加强对病毒知识的学习，提高机构中每位员工的主动防范意识和警惕性也是非常重要的保障措施。

（二）建立制度保障体系，实现档案安全管理的程序化

1. 网络、机房、服务器管理规范

主要包括制定保障网络线路、通信设备、交换机、服务器、主机房内和网络，支持档案管理机构内部档案信息系统运行的网络基础设施的防火防盗管理制度，以及保障该机构局域网内部用户访问内部档案信息资源和访问互联网的操作规范，制定本项操作规范的依据是业务部门的实际需求，制定规范的决策者是CIO，执行者是NA和SA两个重要的角色，任何用户只是按照被分配的权限进行操作，不能越位执行。

2. 数字档案信息安全存储管理规范

根据档案信息的安全级别和保密程度的不同，需要分门别类地制定不同的管理规范，确定不同的存储方案。密级档案信息应实行物理隔离，专人操作，必要情况下对硬盘采取强安全加密措施。内部处理的档案业务数据在开展网络化共享与维护的过程中，严格区分用户的访问权限，对对外开放的数据重点制定防范数据被篡改的策略和方法。制定本项操作规范的依据是档案法及机构规定的档案管理制度。

3. 个人PC和客户端的安全操作规范

客户端的安全操作规范主要是指客户端的上网制度、客户端的安全配置规

范、客户端应用系统的安装、运行和维护方法、客户端及个人用户在使用档案管理信息系统时的操作规范等方面的要求，这将涉及组织中每一位员工，任何人都不能轻视。制定该项制度的依据是整个档案业务管理机构全网安全和信息安全的总体要求。

4. 数字档案应用系统的安全操作规范

电子文件归档系统、馆藏档案数字化系统、档案信息发布与提供利用的网站系统等应用程序是我们访问数字档案信息的重要工具。建立有效的操作规范，确定科学的数据转换与图像处理的技术参数，采取数据加密措施，实施严格的权限管理制度，是制定应用系统安全管理的重要内容。该项制度一旦确定，重要的是需要做到持久执行，并在执行的过程中逐步完善。

（三）建立组织保障体系，促进安全保障的有效性

在我国档案行业，确保网络和档案信息安全的组织保障体系（以下简称为信息管理组织体系）与行政管理和实际业务管理过程中的组织体系（以下简称业务管理组织体系）往往是不同的，其主要区别在于，信息管理组织体系中的成员几乎不参与决策，更无权支配和调配信息化项目的资金和团队成员，日常工作中扮演的几乎都是“救火队”的角色。主要原因是，业务管理和信息化应用没有真正融为一体，两者之间隔着观念和认识上的鸿沟。事实上，理想的管理模式是二者合一，要求机构的领导是既懂业务又熟悉信息化应用的现代化管理人才，要求档案业务工作者也是掌握多项技能的复合型人才，要求机构中的每位员工把信息化和档案业务作为同等重要的基础性工作来开展。

信息管理组织体系中有四个重要角色，一是主持信息化建设和应用实施的项目负责人，信息资源管理的决策者 Chief Information Of-6cer（CIO）；二是确保网络安全运行的网络管理员——Network Administrator（NA）；三是确保系统和数据安全的系统管理员——System Administrator（SA）。NA、SA 和 CIO 是整个信息安全保障体系建设的决策成员，而借助于网络、计算机开展工作的业务人员则是信息系统中的用户 User，用户的上网和访问系统与数据的权限是由 NA 和 SA 根据档案管理业务的实际需要和网络安全管理的制度进行分配的，不经允许是不能越

权操作的。

（四）建立安全监控体系，落实安全保障的有效性

档案信息安全运行的法规、制度、标准与规范将随着信息系统的建设和运行逐渐得到发展和完善，但档案信息系统和档案信息是否能够真正获得安全保障，关键还在于这些安全法规和标准制度是否能够得到有效的执行和应用。因此，在健全网络安全法律法规的同时，还应加大执法力度，加强运行管理与监督控制的力度，为网络与系统的安全运行提供法律保障和运行保障的长效机制。这一目标的实现不仅需要档案管理部门及所有人员付出努力，更需要国家立法机构的支持，还需要建设、使用和维护档案管理信息系统安全运行的所有参与者不断加强安全意识，执行安全制度，随需求改变和完善安全管理策略，确保系统运行和档案信息存储的持续安全。

安全审计、安全监控等都是网络与系统安全运行的监控手段和方法。安全审计和监控的对象主要是网络、服务器和计算机系统的环境安全、实体安全、机房设备的防电磁泄漏、软件安全技术、软件加密技术、操作系统的安全管理、数据库的安全与加密、数据传输的安全与加密、局域网安全控制、计算机病毒的诊断与消除、系统的运行安全，以及整个系统的安全解决方案和安全评估等，都属于将纳入安全审计和安全监控的范围。

安全监控的具体措施包括：各级保密工作部门和机构负责本地区、本部门网上信息的保密检查，发现问题，及时处理；涉密信息网络必须与公共信息网实行物理隔离；在与公共信息网相连的信息设备上不得存储、处理和传递国家秘密信息；加强对上网人员的监督与管理，明确责任，确保在公共信息网上不发生泄露国家秘密的事件。

二、基于电子签名保障电子文件归档的安全

（一）电子文件原件及其完整性确认

档案形成单位所采用的现行业务管理信息系统是电子文件原件及其元数据信

息的发源地，系统的安全可靠是确保电子文件真实性的根本依据，档案工作者应按照档案接收和保管工作的要求，在该系统建设之前提出具体的保障电子文件真实性需求，并提前开展档案的指导工作。特别是应在电子文件即将结束现行期使命之前，提示各单位做好备份和归档准备等各项工作。更为重要的是，应将拥有电子签名的电子文件最终文稿及时地转存到归档文件中心，以便及时开展归档工作。

（二）归档单位及归档责任者身份认证

系统中包括单位和个人双重身份认证内容。电子文件归档采用单向认证方式，实现档案馆对归档单位网上传输的电子文件的合法身份认证，这时档案馆需要从 CA 服务机构的目录服务器中查询索引，获得证书之后，首先用 CA 的根证书公钥验证该证书的签名，验证通过说明该证书是第三方 CA 签发的有效证书，然后检查证书的有效期、检查该证书是否失效或进入黑名单等，从而确定归档单位的身份有效性。关于归档责任者的身份认证也可以采取上述方法，但一般只需要在信息系统中采取像指纹、密码等有效措施就可以得以保障。

（三）电子签名的实现

归档单位在登记注册合法的电子签名后，拥有 CA 服务机构发放的签名证书的私钥及其验证公钥。实现签名的过程是：首先确认需要归档的电子文件，然后用哈希算法对电子文件做数字摘要，再对数字摘要用签名私钥做非对称加密，即做数字签名，最后将以上的签名和电子文件原文以及签名证书的公钥加在一起进行封装，形成签名结果发送给接收方，等待接收方验证。

（四）电子签名的验证

档案馆接收到数字签名的结果，其中包括数字签名、电子原文和发方公钥。进行签名验证，首先用归档单位发送过来的公钥解密数字签名，导出数字摘要并对电子文件原文做同样的哈希算法，获得一个新的数字摘要，将两个摘要的哈希值进行结果比较，结果相同则签名得到验证，否则签名无效。

（五）签名电子文件的可读性保障

归档单位归档时发送给档案馆的和档案馆接收到的都是经过签名的电子文件，经过合法性和完整验证后，电子文件就成为电子档案并由档案馆进行管理，提供对外服务与利用。这就要求档案馆建立的电子档案管理信息系统不仅安全可靠，而且能够阅读和浏览签名的电子文件，目前这一技术已经由很多单位实现，并做成插件形式，可以嵌入到档案管理信息系统中，必要时可以打印出带有印章的档案文件，作为凭证依据。当前市场上流行的模拟纸质文书的数字纸张就是非常典型的应用案例。

三、数字化档案信息安全保障的总体结构

“坚持积极防御、综合防范的方针，全面提高信息安全防护能力，重点保障基础信息网络和重要信息系统的安全，创建安全健康的网络环境，保障和促进信息化发展，保护公众利益，维护国家安全”是国家对信息安全保障工作的总体要求，也是架构数字档案信息安全保障体系的总体指导思想。各档案管理部门应在遵守公共安全、信息安全、计算机安全等法律法规制度的前提下，首先，建立保障数字化档案信息安全运行的组织体系，制定安全管理的规章制度，加强教育和培训，提高所有人员的安全意识，规范操作过程，坚持全员思想上的同步安全原则，开展科学的档案管理工作，杜绝由于人为因素而引发安全事件；其次，根据档案数据、业务流程以及内部网络设备的使用特点，建设各个层次的技术保障措施，设定和执行网络边界区域防火墙、入侵检测、网络管理系统等安全策略，加强内外网络之间访问权限的控制与管理，对内部网络中的计算机和服务器，加强操作系统和应用程序的修补与更新，强化应用程序的安全，合理分配各用户的操作权限，根据需要对存储系统与档案数据采取必要的加密措施等一系列的技术保障措施；最后，在运行环节上加强管理和控制，在内部网络所有层次上落实安全管理制度，实施保障安全运行的有效措施，对保密档案数据实行物理隔离措施，对在线运行系统的档案数据采取异地备份、介质备份等措施，对于开放的档案数据提高防篡改的能力，对当前业务流程中正在处理的数据加强真实性、完整性和

有效性的控制。

总之，在数字化档案信息的综合管理过程中，我们需要采用这种多维的分层管理与控制体系，建立保护全网安全的防护体系，加强内部管理，提高安全意识，采取各种措施和手段加强防范，增强攻击者被检测到的风险，降低攻击者的成功率，从而在网络安全、系统安全、应用安全的基础上保障数字化档案信息的安全。

第六章　基于大数据环境下创新型档案管理

第一节　大数据环境下档案管理探析

一、档案信息资源的整合

（一）档案信息资源及其整合的概念

档案信息资源的概念有狭义和广义之分。狭义的档案信息资源是指来源于档案的，反映事物特征、运动状态、方式及规律的，已经加工处理有序化并大量积累起来的有用的集合。狭义档案信息资源实际上从属于广义的档案信息，包含了档案信息的三个层次。但是狭义档案信息资源并不等同于档案信息，而是具备了创造性、规模性以及开发性三大条件的档案信息。

（二）大数据环境下档案信息资源整合的必要性

大数据时代，庞大的纸质档案信息资源和海量的数字档案资源的不断增长，给档案管理部门带来了巨大的挑战。但是，档案馆运用大数据挖掘技术和分析方法，开展档案信息资源整合，挖掘潜藏在档案信息资源中的深层价值，恰好可以解决这一难题。因此，实现大数据时代背景下海量信息的整合，是档案部门迎接挑战的有效方法。我们将从新时代的发展趋势、提高档案信息资源服务质量的需要和实现档案信息资源数字化这三方面来进行必要性分析。

1. 新时代的发展趋势

随着社会信息化的发展，数字化与网络化建设的不断完善，档案信息资源的记录载体、记录方式、管理方式也随着时代的进步而发生着变化，档案信息资源的管理也应朝着网络化、数字化的方向发展。

随着人类的进步和发展，大数据时代的来临，人们在计算机系统存储的数据信息也越来越多，这些数据是人们工作、生活和生产活动等的原始记录，能够为人们提供重要的利用价值。

2. 提高档案信息资源服务质量的需要

在现代政府以公民需求为导向信息管理的核心下，充分利用信息技术提供高效、高质的档案信息服务，是未来服务发展的方向。在这种背景下，档案馆被推向了信息公开的前台，意味着档案信息资源开发具有了政治合法性和迫切性。社会信息资源整合程度的提高与公众信息意识的觉醒为档案信息资源的整合创造了良好的社会环境与氛围，同时使档案资源的整合成为一种必然趋势。

近年涉及老百姓切身利益的民生档案数量与日俱增，与之相对应的是人民群众利用档案的需求也不断增加，因而迫切需要一种能够集中保管和统一利用的档案管理机制的出现与创新。整合档案信息资源为公众提供了一个双向主动式档案信息服务手段。除此之外，一方面是档案信息资源提供服务的频次、速度、要求越来越高；另一方面是档案信息资源服务的范围、空间、形式越来越广，社会的需求永远是激活档案信息资源整合和开发的力量源泉，推动档案信息资源整合的动力是适应时代发展和档案信息资源服务对象多元化的需要，档案信息资源整合的建设会使档案服务社会的力度、方式、手段实现新跨越。

3. 实现档案信息资源数字化

大数据环境与过往的信息环境最大的区别，不仅是巨量的数据资源的诞生，而且是大数据能够对信息、数据等进行筛查、分析和处理。大数据的处理包括了大数据采集、大数据处理、大数据统计分析与大数据挖掘等方面。大数据具有数据挖掘和分析、内存计算和流处理技术等处理技术。大数据的存储包括分布式文件系统、非关系型数据库（NOSQL）、数据仓库等存储技术。大数据的应用技术包括云计算及其编程模型 MapReduce、大数据获取技术、大数据存储技术、大数据分析技术、大数据可视化技术等。

在大数据时代，档案馆既要开展纵向层次的整合，又要开展横向功能的整合。档案馆可以通过综合利用大数据的存储技术、处理技术以及应用技术实现数字化档案信息资源的功能，如实现数字化档案信息资源的交换与共享功能、安全存储功能等。

大数据技术可以促进档案信息资源共享功能的实现。公众可以通过档案信息资源整合共享平台，在线访问和查询档案馆藏信息资源，使档案信息资源充分地发挥自身的价值，服务大众。其次，档案信息资源整合共享平台可以打破地域限制以及“信息孤岛化”的状态，促进各大档案馆之间的联系，实现更大范围内的资源共享。

（三）大数据环境下档案信息资源整合的 SWOT 分析

大数据是以容量大、类型多、存取速度快、应用价值高为主要特征的数据集合，正快速发展为对数量巨大、来源分散、格式多样的数据进行采集、存储和关联分析，从中发现新知识、创造新价值、提升新能力的新一代信息技术和服务业态。

随着互联网的普及，计算机信息技术和网络通信技术的飞跃式发展，各种数据和信息呈现出爆发式的增长。事物都有两面性，互联网在给人们带来获取大量文本信息资源快捷方便的同时，也带来了一些难题，比如如何快速有效地在海量的信息资源中挖掘出自己所需要的信息资源。总之，大数据时代已经悄然降临，海量信息也给档案部门的档案信息资源整合带来了挑战。因此，档案部门应该实事求是地立足于档案信息资源整合的现状，结合大数据的时代背景，充分应用大数据时代的信息挖掘技术，采取有效的措施实现档案信息资源的整合。

1. 优势分析

在大数据时代，各种数据信息日益膨胀、呈现爆炸式的增长。那么，将各种分散的、独立的信息统一到一起，形成逻辑上统一的整合体，将是目前档案部门存储和利用大数据的最大需求。因此，实现档案信息资源的整合与共享是大数据时代和信息化时代的召唤，得到了国家层面的高度重视。

2. 机遇分析

只有抓住机遇，才能更好地发展自己。大数据技术的发展为档案信息资源整合提供了一些机遇，抓住这些机遇，有利于档案事业更好地发展。接下来，将从三方面进行机遇分析。

(1) 我国的信息化建设为档案信息资源整合提供了环境支撑

我国在进行信息化建设中不断完善通信网络与计算机系统，这为档案信息资源的整合提供了良好的基础设施条件。首先，我国已经基本形成了一个覆盖全国、通达世界、技术先进、业务多样的国家公用通信网络框架。全国几乎所有的学校、科研部门、政府、企业和家庭都使用上了计算机网络。其次，网络的连通是档案信息资源整合的基本手段和有效途径，网络使数字化档案资源互相联结，社会公众能不受时空条件的约束获取自己所需的档案信息。先进、专业的通信网络的建成为档案信息资源整合提供了许多实践的机会，日渐成熟的因特网技术为实现档案信息资源整合提供了良好的基础设施条件。

(2) 电子政务建设为档案信息资源整合提供了技术支撑

在我国，档案有着为政治提供服务的职能，因而档案馆、档案室等档案管理部门必须结合国家电子政务建设的大背景开展档案管理工作。因为电子政务建设能够促使政府更加重视档案室、档案馆、档案网站、档案公共服务平台等的建设，给予相应的资金以及技术支持。有了政府资金、技术支持作为后盾，档案信息资源整合工作可以更加顺利地开展。

(3) 档案部门的数字化建设为档案信息资源整合提供了基础

近年来，社会环境的变革使档案界不得不改善档案信息工作，各地档案部门不同程度地进行了数字化、信息化管理建设，为档案信息资源整合提供了好的开端。档案部门要努力建设并投入使用一批内部局域网，基本实现档案管理现代化和办公自动化，部门、地方自行建立为本部门机关服务的档案目录信息中心，为逐步构建中国档案文献数据库创造条件。档案部门根据电子档案管理的要求，加强对本单位电子文件的管理，保证电子文件真实、完整、有效。

(四) 大数据环境下档案信息资源整合的策略

我们将从档案实体整合与数字档案信息资源整合两方面提出应对措施。首先，谈一下档案实体的整合。

1. 从内容层次开展档案实体整合

档案实体整合是一个个体层次的整合过程，丰富的馆藏是档案信息资源整合的基础。档案实体整合包括综合档案馆自身管理制度、管理程序、馆藏系统信息的整合，还包括县级区域内各种实体信息部门的整合，将区域内各个独立、分散的部门档案资源进行综合整合。

（1）现有馆藏整合

档案馆不再仅仅是一个实体保管机构，还是今后实现档案资源共享的主要源头和基地。传统的档案实体一般以案卷形式保管在库房，档案馆应对其馆藏数据清楚掌握，做好基础的编目工作。档案馆的实体整理工作一直在做，但是结果不尽如人意。档案馆应根据档案整合功能特征从档案馆管理制度化、归档程序化、馆藏数字化、信息网络化、控制智能化方面进行管理。还应做好现有馆藏各种载体标准、海量存储整合工作，有选择地将原始馆藏中有特色、有较高利用价值的档案数字化，积极将已接收进馆的文件建成编研成果数据库，使传统档案信息与现有档案信息共同发挥作用，如建立电子政务档案、城建档案、指纹档案、民生档案等特色数据库。

（2）开展区域档案信息资源整合

开展区域档案信息资源整合是一项重要的工作，它涉及到对不同地区、不同机构的档案资源进行统一管理和优化配置。这项工作的目的在于提高档案资源的利用效率，促进信息共享，以及加强档案的保护和传承。

首先，区域档案信息资源整合需要对现有的档案资源进行全面的调查和评估，了解各类档案的数量、类型、分布以及保管状况。这一步骤是整合工作的基础，有助于确定整合的重点和方向。

其次，整合过程中要制定统一的档案管理标准和规范，确保不同来源的档案能够按照相同的标准进行整理、分类和存储。这包括档案的数字化处理、元数据的编制以及档案的电子化管理等。

最后，整合工作还需要考虑到档案的安全性和保密性。在整合过程中，要确保档案信息的安全传输和存储，防止信息泄露或被不当使用。

通过开展区域档案信息资源整合，可以有效地提升档案资源的管理和服务水平，为社会提供更加丰富、便捷的档案信息服务。同时，这也有助于推动档案事业的现代化和信息化进程，为文化传承和社会发展做出积极贡献。

2. 从技术层次开展数字档案信息资源整合

在大数据的时代背景下，档案数字资源具有数量庞大、增长迅速、多源异构等新特点，在给人们带来丰富信息的同时，也给数字档案信息资源的整合带来了一定的困难，如数据存储问题、安全保障体系的建设等问题。接下来，我们将从以下几方面对大数据时代下数字档案信息资源的整合策略进行探讨。

（1）建立统一的档案数字信息资源整合标准体系

在大数据时代，档案数据的多样性已成为常态，要实现档案数字资源的整合就需要协调相关利益方建立兼顾适用性、稳定性和国际性的档案数字资源整合的标准体系，完成对不同协议、标准、规范的整合。这包括档案信息化过程中涉及的各类数据组织方式和网络通信协议的整合，各相关业务系统中使用的数据标准和协议规范的整合以及采用的各类存储、应用标准的整合等。唯有如此，才能确保整合工作遵循相同的标准，方便档案数字资源的存储和迁移，实现档案数字资源的交流与共享。

（2）实现由馆藏中心模式向服务中心模式的转变

前面我们提到过大数据时代的信息挖掘技术，如云计算、Web 2.0 文本挖掘技术等。这些大数据技术可以通过对复杂关联的数据网络中出现的趋势进行预测，为人们的行为决策提供有益指导。这就要求档案部门改变过去单一的“供给式”思维模式，关注大众的利用需求，构建起以社会利用需求为导向的档案数字资源体系。比如，档案网站导航、索引等人性化服务的提升都可以更加方便用户。时刻关注用户需求的变化，进而实现由馆藏中心模式向服务中心模式转变，不断提高档案服务与用户之间的匹配度。

（3）构建适应大数据要求的档案数字资源分析系统

毫无疑问，构建适应大数据要求的档案数字资源分析系统依然要用到大数据信息挖掘技术。接下来以“云计算”技术为例加以说明。

云计算技术具有资源虚拟化、高可扩展性、高可靠性、按需付费等显著的特征。它适应了大数据时代分布式存储与海量数据并行处理的需求，实现了计算机资源的服务化，是大数据时代档案数字资源整合的基础平台和支撑技术。

首先，各档案部门应根据国家统一规划以及自身基础设施建设与档案数据库资源的匹配程度，灵活选择适合的云部署方案。处在档案数字资源整合关键节点的部门应架设私有云，其他部门可根据自身情况将关键数据存放在私有云上，同时以动态申请公有云的方式弥补自身计算能力、存储空间等的不足。其次，云计算能统一各应用环境之间的业务逻辑、组织结构和表达方式等，消除信息孤岛，从而建立集成的档案数字资源管理平台，促成档案数字资源深层次整合与知识开发的实现。最后，云计算能实现对档案应用的整合，并以服务的形式向用户发布，同时支持用户利用各种终端设备随时随地访问所需的云服务。这些都将最大限度地发挥档案数字资源整合的优势，提高档案服务的效率和便捷程度。

3. 从服务层次开展档案信息资源整合

众所周知，档案馆开展档案信息资源整合一方面是为了加强对档案信息资源的管理，另一方面更为了提升档案馆的服务效能，方便公众查找和利用。

（1）构建主题档案数据库

在大数据时代，基于公共服务的视角下，档案馆既要做好档案的征集、保存、管理等基础性工作，又要积极实现档案信息资源的共享，满足公众多样化的需求和高标准的期望。

首先，档案馆可以打破“条块”机制的束缚，和各级档案馆分工合作，形成资源互补，最大限度地发挥资源优势。同时，依托档案馆形式各异的馆藏资源，根据一定的标准进行资源挖掘与整合，推进档案的数字化工作，建立编研成果数据库，做好检索与服务工作，从而提升检索效率，完善服务质量。

其次，广大公众既可以是档案的利用者，还可以是档案信息资源的收集者。档案馆可以通过广泛的宣传，如通过网络宣传、发放宣传手册等方式调动大众贡献档案信息资源的积极性。此外，档案馆还可以以“公开征集”的形式征集档案。如沈阳档案馆征集了展示九一八事变“真相”的珍贵档案资料入馆，这些珍贵的档案资料能强有力地证明日本侵华的罪行。档案馆还可以开展形式多样的主题展览展示，展览从公众手中征集的档案信息资源，增强公众的自豪感和使命感，使公众更加积极地贡献自己珍藏的档案信息资源。

除此以外，档案馆还可以构建联机检索数据库，将档案馆的数字化档案信息资源分门别类，然后实施联机检索，方便公众打破地域限制，检索其他档案馆的馆藏档案信息资源。沈阳市档案馆的检索数据表明公众对民生档案、家庭档案以及社会保障等相关档案的查阅最频繁。因此，档案馆在进行档案实体资源整合的时候，可以按主体建立编研成果数据库，比如建立社保档案、婚姻档案、民生档案等主题档案数据库。

(2) 构建档案信息资源整合共享平台

在大数据时代背景下，档案馆数字化档案工作的开展，催生了海量的数字化档案信息资源，且公众对档案信息资源的需求也日益增多，实现档案信息资源的整合与共享是时代的必然趋势。

档案信息资源共享平台是一种基于互联网技术，整合了采集、审核、存储、发布、共享利用功能的软硬件集合。通常来说，档案信息资源整合共享平台有采集功能、审核功能、信息管理功能、信息共享功能、安全保障功能。

4. 从安全层次开展档案信息资源整合

在大数据时代，个人电脑、手机等移动设备，微博、微信等社交 App 产生的多种类型的信息构成了海量的大数据资源。这些数据涉及个人、企业、国家等人类生产生活的方方面面。然而，这些海量的数据资源面临着黑客攻击、恶意泄密等安全威胁，尤其是档案馆存储的档案信息资源有的涉及国家或者企业的机密。因此，在大数据时代，档案馆加强数字化档案信息资源的安全保障体系的建设就显得极其重要。

(1) 加强访问安全的建设

首先，加强访问安全的建设。访问控制是实现档案信息资源受控共享、保障档案信息资源被合规访问的有效措施。访问控制是档案馆网络安全防护的重要渠道，起着关键性的作用。通过访问控制技术能够合理地控制和认证用户访问权限，保证非法用户无法窃取资源。常用的访问控制措施有身份认证、口令加密、设置文件权限、控制网络设备权限等。档案馆应建立 IAM（身份识别和访问管理）和隐私保护系统，实现统一身份认证与访问权限控制，达到用户安全集成管理的目标，有效应对档案数字资源整合与大数据应用过程中的安全风险。其次，通过数据加密技术保护档案信息安全。通过 SSL（Secure Sockets Layer，安全套接层协议层）加密，实现在数据集的节点和应用程序之间移动保护大数据。

总之，档案馆可以综合运用大数据集成、存储、处理、访问相关技术以及云平台保障技术加强数字化档案信息资源安全保障体系的建设，保障档案信息资源不受非法侵害和恶意泄密。

（2）加强存储安全的建设

为了实现档案信息资源的整合，档案馆开始尝试构建档案信息资源整合共享平台，档案信息资源整合共享平台通常包括用户端、各级档案部门、档案控制中心和云端模块。在实施档案信息资源整合与共享的过程中，其存储安全十分重要。一方面，为了保护档案信息资源的存储安全，档案馆在上传数字化档案信息资源到整合共享平台的时候需要进行扫描，防止恶意数据的侵袭。另一方面，档案馆要开展数据加密存储，寻求适用于档案馆存储系统的加密存储技术、密钥长期存储和共享机制。这样既能保护档案馆用户的隐私性，又能保障档案云平台和档案信息资源整合共享平台的信息存储安全。

总之，档案馆在开展档案信息资源整合工作的过程中，一定要格外重视安全保障体系的建设。一方面，档案馆要提升安全防范意识，从档案存储物理系统到档案信息资源本身，多方位实施安全防范与控制。另一方面，档案馆要构建风险预警与防控机制。例如，在档案“云平台”的构建过程中，开展风险识别、风险控制等工作，监测与维护存储资源的安全。

二、档案信息资源的挖掘

（一）大数据技术在档案信息资源挖掘工作中体现的优势

1. 可以实现档案信息资源更系统、更全面地采集

大数据处理技术强调对整体数据进行分析和挖掘，取代了传统档案信息挖掘中以抽样代替整体的方法，可以改变因为遵循传统经验思维搜集局部档案信息进行分析而造成的挖掘成果的片面性和不完整性。云存储技术手段为信息采集提供了足量的空间，为系统、全面采集档案信息资源提供了技术支持。

2. 可以实现档案信息资源的智能化提取，并提高挖掘的精确度和效率

基于云计算的大数据价值分析技术可以在挖掘过程中提高精确度，可视化技

术可对档案信息资源进行全面直观地呈现，语义处理技术为档案信息资源的智能检索创造了条件，有利于挖掘效率的提升。

3. 可以弥补由于档案缺失而造成挖掘结果价值低的问题

大数据技术通过对海量档案信息资源进行处理分析，创建数据资源库，当某一部分档案信息资源存在缺失时，可以根据档案信息资源间的关联性原则对相关资源进行追踪，以补充缺失的档案信息，从而保证档案信息资源挖掘结果的完整性和可靠性。

（二）大数据技术在档案信息资源挖掘中的具体实践

1. 语义处理技术在档案信息资源挖掘中的应用

（1）应用必要性分析

在大数据背景下，档案信息资源的总量呈现急剧增长的态势，且其结构形态也表现出越发复杂的特点，多媒体类档案占据着越来越大的比重。在此背景下使用人工方法对档案信息资源进行采集、开发和利用的难度越来越大。语义处理技术在大数据挖掘的过程中为机器提供了可以理解数据的能力，使用自然语言处理技术对原始档案信息资源进行处理，构建数字化档案信息资源跨媒体语义检索框架，为深入挖掘档案信息资源提供技术支持，可以在语义理解的基础上提高档案信息资源挖掘算法的语义化程度和性能，最终实现对海量、繁杂档案信息资源的快速挖掘、智能提取，提升挖掘质量和挖掘效率。

（2）语义处理技术在档案信息资源挖掘中的具体应用过程

语义处理技术的主要作用是对原始的档案信息资源进行自然语言处理，以便机器更好地“理解”使用者的目的和需求，从而实现对档案信息资源更为精确地提取。自然语言处理是基于计算机科学和语言学，利用计算机算法对人类自然语言进行分析的技术，属于人工智能领域的一个重要方法。自然语言处理的关键技术包括对自然语言的词法分析、语义分析、句法分析、内容分析以及语音识别技术和文本生成技术等。在档案信息资源挖掘过程中，这些技术可以使计算机对原始档案信息资源有深入的理解和认识。这些技术有利于档案信息资源挖掘者系统地掌握档案信息资源的内容概要，对档案信息资源进行内容检测，依照关键词义、语义对档案信息资源进行系统分类整理，对原始信息进行深入挖掘检索、质量检测。利用这些技术还可以实现自然语言所表达的内容信息不同形态之间的转换，有利于档案信息资源的丰富拓展以及清晰表述，对档案信息资源挖掘效率的提升意义重大，同时为智能检索技术的应用奠定基础。

自然语言处理技术主要包括两大类，即机器翻译技术和语义理解技术。机器翻译技术，即使用计算机实现对自然语言内容的认识和提取，并以文本或其他形式输出，可把一种类型的自然语言翻译成另一种类型的自然语言。语义理解技术则强调把检索工具和语言学进行有机结合，通过对关键词专用检索工具的开发以及对原始信息的扫描，弄清其词义、句意之间的相互关联，从而在语义层次上实现检索工具对检索目标词汇的深入理解。在自然语言处理技术中会用到汉语分词技术、短语识别技术、同义词处理技术等，对原始语言信息进行系统区分、鉴定和提取。

总的来说，在档案信息资源挖掘过程中，语义检索技术方法主要有两种：语义分析法和分词技术。前者目的在于在资源挖掘中对检索关键词进行语义分析，对关键词进行拆分，并查找拆分后关键词之间的关联以及搜索与关键词含义存在关联的其他关键词，最终实现对查询者目的的解读，搜索出最符合使用者要求的结果；而分词技术则是当档案使用者对档案信息资源进行查询时，将其查询词条按照相应标准进行划分，然后按照对应匹配方法把划分后的字串符进行处理，实现对目标资源提取的一种技术。将语义处理技术应用于档案信息资源挖掘工作中，有利于提高档案信息资源的检索质量，使检索结果更符合使用者需要，可以更确切、高效和准确地实施档案信息资源挖掘工作。

2. 云计算在档案信息资源挖掘中的应用

云计算（cloud computing）是分布式计算的一种，指通过网络“云”将巨大的数据计算处理程序分解成无数个小程序，然后通过多个服务器组成的系统对这些小程序进行处理和分析，并把得到的结果返回给用户。在云计算发展早期，简单地说，其就是简单的分布式计算，解决任务分发，并进行计算结果的合并。因此，云计算又被称为网格计算。通过这项技术，可以在很短的时间内（几秒钟）完成对数以万计的数据的处理，从而拥有强大的网络服务能力。

云计算是继计算机、互联网后的又一次 IT 革命，云计算是信息时代的一个大飞跃，未来的时代很可能是云计算的时代。虽然目前有关云计算的定义有很多，但总体来看，云计算的基本含义是一致的，即云计算具有很强的扩展性和高可用性，可以为用户提供一种全新的体验。云计算的核心是可以将很多的计算机资源协调在一起，使用户通过网络就可以获取到无限的资源，同时获取的资源不受时间和空间的限制。

3. 可视化技术在档案信息资源挖掘中的应用

（1）应用必要性分析

在大数据背景下，档案信息资源种类、结构更加复杂，数量也更巨大。在档案信息资源挖掘过程中，需要对诸多海量的、多元化的、结构复杂的档案信息资源进行直观展示，使档案信息资源的管理者和使用者可以清晰洞察档案信息资源背后所隐藏的信息，并将这些信息转化为可以对自身生产生活发挥实际作用的知识。对档案信息资源进行挖掘首先必须对原始资源有清晰、直观的认识，随着档案信息资源总量的增大，这一过程愈发困难。对于档案信息资源的开发者和挖掘者而言，海量的档案信息如同一个口很大的黑洞，必须对这些资源进行逐一认识、排查，发掘其所隐藏的价值。当原始挖掘对象的总量很大时，还需要对原始信息资源进行检索，在传统的档案信息资源检索条件下，为了浏览所有结果，用户只能不断翻页。在档案信息资源的挖掘过程中引入可视化技术，把档案信息资源以及其内部不可见的语义关系以图形的形式进行直观呈现，同时在使用计算机对档案信息资源进行处理时更加注重人机交互的过程，以便更系统、高效地对档案信息资源进行发掘，准确提取其潜在价值，使之发挥更重要的社会效用。

（2）可视化技术在档案信息资源挖掘中的具体应用过程

信息可视化的定义为“使用计算机技术，使复杂的数据信息以交互的、可视化的形式体现出来，以增加人们对其认知程度”。可视化技术的主要研究重点在于它倾向于对复杂的数据信息进行综合分析，将其转化为易于理解的可视化图形，以直观的视觉方式展现数据中隐含的信息和规律。人类从外界获取的80%信息来自视觉系统，因而可视化的主要任务在于建立起符合大家普遍认知的、易于理解的心理印象。信息的可视化技术已经发展多年，现在越发成为人们分析抽象、复杂数据的重要工具之一。在现实生活中，存在很多信息可视化的使用案例，例如，俄罗斯互联网调查机构在2013年对全球196个国家的35万个网站进行数据收集、整合和统计，并且根据这些网站之间的数百万个网页链接制成了互联网星际图。在互联网星际图中，星球的大小代表了该网站访问流量的多少，星球之间的距离则表示了相关网页链接出现的频率和强度。

（三）大数据技术应用下档案信息资源挖掘工作的发展趋势

1. 挖掘主体协同化

在大数据时代，档案信息资源外延的扩大化以及跨媒体的语义处理技术在档案信息资源挖掘领域的应用，未来的档案信息管理工作应当秉承以档案部门为主导的协同合作主体多样化原则。在档案信息资源挖掘领域主要体现在挖掘主体的协同化。在大数据背景下，数据的关联性日渐紧密，档案信息资源与其他类型的信息资源之间也具有越来越紧密的联系，档案机构在从事信息挖掘的过程中与其他社会机构协同合作成为未来档案信息资源挖掘工作的新趋势。各级档案馆可以加强与图书馆、博物馆等文化事业单位的协同与合作，推进信息资源的共享；也可以加强与商业机构的合作与协同，对档案信息资源进行协同开发，注重与档案信息资源的服务供应方、互联网运营商的协同，挖掘档案信息资源中隐藏的商业价值；高校档案机构也可以搭建与政府机构、企事业单位、民间组织进行信息交流的平台，主动推送档案信息服务，与这些机构协同挖掘档案信息资源的价值，获得人力、物力和财力上的支持，使高校的研究成果产生更大的社会效益。

2. 挖掘对象的社会化

大数据时代，各类新型数字化媒体层出不穷。这些社会化媒体每天都产生和传递着海量的社会信息资源，而这些信息资源日渐成为档案信息资源的重要来源，如何对与日俱增且价值巨大的社会档案信息资源进行采集、存储，并挖掘其中价值成了档案挖掘工作的难题。大数据技术在档案信息资源挖掘中的深入应用可以解决这一难题，云档案平台的构建可以实现社会化档案信息的跨区域共享和流通，云存储技术可以为体积巨大的社会档案信息资源提供安全可靠的存储空间，语义处理技术可以实现跨媒体的档案信息资源处理。这些都为社会档案信息资源挖掘提供了技术支持。如今档案信息资源的社会化趋势与日俱增，随着“大档案观”理念和档案的“社会记忆”理念的提出与推广，档案信息资源的外延逐渐扩展，关于社会化媒体信息资源的研究也愈发活跃。

3. 挖掘方式的标准化

虽然云计算、语义处理技术已应用于档案信息资源挖掘领域，并将不断普及，但是想要实现档案信息资源更大范围的资源共享、应用工具的共享和利用，还有很多挑战，最主要的挑战在于挖掘方式的标准化处理。在目前的大数据挖掘工作中，原始档案信息资源普遍存在著录标准、组织标准不统一现象，这给档案信息资源的挖掘利用造成了困难。因此，今后云计算技术、语义处理技术应用于档案信息资源挖掘时将呈现出挖掘方式标准化的趋势。在未来的档案工作中，各级档案机构首先要做好档案信息资源组织标准的构建工作，为跨媒体的语义处理和信息提取创造条件。要注重对现有档案信息资源组织标准的完善和对统一挖掘标准的理解和推广，实现大范围的档案信息资源标准化处理，从而使档案信息资源的挖掘方式实现标准化和统一化。同时，在云档案平台的构建过程中也应该注意标准化建设，需要由国家出台相关政策对云计算服务平台标准进行规范和指导，在具体的实践过程中，严格执行现有的档案数据著录与案卷级、目录级数据格式标准，还应总结问题出台新标准，以实现档案信息资源在未来更大范围内的资源共享、广域采集和标准化开发利用。除此之外，还应当注意在档案信息资源挖掘过程中如何参与制定与执行国际标准，建立起标准化的信息资源接收渠道，形成统一规范的接收协议。实现全球通用的档案信息资源执行标准是新技术在该领域得以普及和推广的重要保障。

第二节　大数据环境下档案创新性编研

一、基于大数据环境下档案编研工作的意识创新

随着新经济产业的发展，档案编研工作出现了一些错误的观念，如认为档案编研为“边缘”事业，是“小众化”群体从事或利用的工具，或认为档案编研工作正在走下坡路等。一名合格的档案编研工作者应该针对大数据时代下的档案编研工作树立正确的档案编研工作意识并加以创新，以实际行动说明：没有夕阳产业，只有落后的意识。创新是一个民族的灵魂，是一个国家兴旺发达的不竭动力。只有不断挖掘，勤于思考，坚持学习与创新、继承和发展相结合，才能确保档案编研成果与时俱进。

（一）功能意识

档案编研工作的功能意识就是根据现代社会需求把档案转变为传媒需要的意识。大数据时代档案编研成果不仅在档案编研的内容方面改变了过去选题单一、内容过窄的局面，还在作用上逐渐改变档案编研活动只为政治服务的单一目的。社会生活包含了诸多方面，档案编研成果的功能通过数字化的形式最大化，是充分发挥档案价值的体现，是变为“活档案”的有效过程。

除了档案编研成果的基本功能，如汇集档案、传承档案中蕴含的历史文化之外，大数据时代还赋予了档案编研成果新的附加功能。例如，在每一个值得铭记的历史时刻警醒人们、教育公众。以中国档案资讯网的“档案公布”专栏为例，网站持续向社会公布了一系列历史主题鲜明、内容类型多样的档案编研成果。该网站通过对中央档案馆、南京档案馆、上海档案馆等馆藏资料的收集、整理以及研究，形成重大历史事件档案编研成果，如侵华战犯笔供、中国受降档案等。这些档案编研专题均向人们讲述了过去令人心痛不已的历史，一张张照片、一段段视频对于人们内心的震撼与洗礼经久不息。值得借鉴的是，中国档案资讯网这类

优秀编研成果的数字化呈现不仅满足了历史需求，展示了动荡年代的民不聊生、伪政权的残酷统治，又为影视拍摄、教学准备等提供了真实而又珍贵的历史画面，满足了多方面的社会需求。

（二）个性化服务意识

大数据时代的档案编研内容在特色意识的基础上要更加注重个性化定制服务。社会中每一个群体或个体都具有不同层次的需求，要根据其职业要求、兴趣爱好、身份地位等差异，从不同的渠道收集特定的素材，整理、加工成个性化的档案编研成果，从被动查阅向单向主动传递发展，以提供专业、丰富的定制服务。

个性化的档案编研能够汇集某一类利用者的集中关注，不仅能够节省利用者的时间、精力，还有利于某一类型的专门档案的完善，并带动相关行业的发展。由艺术评论家张海涛创办的“艺术档案”网就是其中的佼佼者，不仅在时下流行的各类社交平台设立公众账号，其基本内容除了实时推送各类中外艺术相关资讯外，还专注于系列专题艺术档案编研成果的展示，以图片和影像的方式，结合艺术个案的讲解向人们生动地诉说了各类艺术档案的普世价值以及艺术家们的现代化审美观念。这类独树一帜的艺术档案编研成果展示能够非常准确地迎合艺术爱好者、艺术从业者等相关利用者的需求，同时起到记录、传递艺术思潮和艺术生态圈的作用。

（三）特色意识

树立特色意识，打造精品编研成果，使大数据时代的档案编研工作更好地融入市场经济是档案编研成果社会化的一个契机。

1. 加强对档案编研成果的包装

根据档案馆的实力和馆藏选择合适的档案编研题材，编研出一些与当地特色相配合的品牌成果。以天津市档案馆为例，其将传播档案知识、弘扬优秀档案文化作为宗旨，根据天津别具一格的特色编研了以沽上风情为主题的档案。其分类几乎囊括了天津的全貌，历史、人文、工业、交通应有尽有，可以说是一部微型的天津百科全书。同时网站以立体化、多元化、可视化的形式向全国乃至世界展示了天津的人文风情，视频内容丰富多彩，将三维动画、专题等融会贯通，达到了内容包罗万象的效果，起到了有针对性地宣传和推荐的作用。

2. 加强档案编研的特色研究

在政策法规允许的条件下，编研工作者要善于把握广大用户的需求，充分抓住档案资源中的优质内容，给档案编研成果添加特色，以吸引用户。

二、基于大数据环境下档案编研工作的实践创新

档案编研是档案管理人员利用档案原件进行的二次劳动。在档案编研信息的开发、利用过程中，档案人员拥有较强的主导性，编研意识的创新引领着实践的突破。实践创新并不一定是石破天惊式的转变，更多的还是要从基础做起，要从编研题材、充分利用网络优势入手。

（一）充分搜罗网络资源进行网络编研

网络时代，网络为用户提供了全天候在线的服务模式，检索途径多样，用户可以根据自己需求以及能力选择合适的检索方式，同时网络也能提供原文或参考文献链接，方便用户进行深入研究。

数字化的技术、软件、思维不仅给档案利用者带来了简便、快捷的途径，也给档案编研工作者带来了福音。

1. 编研者与利用者交流可以开阔选题思路

在大数据时代，编研工作者通过网络可以在定题选材时，广泛地搜集大众所需的资料。这样编者也可避免工作的盲目性，达到双赢的效果。以北仑档案网为例，其专门设有“民众互动”一项，又细分为回音壁、在线调查、在线征集、局长信箱、我要捐赠等栏目，该网站在我们浏览的众多同类网站中，在与档案使用者互动方面比较完善，使此项设置真正发挥了作用，而不只是作为摆设。

2. 通过网络检索所需资料

许多档案馆自建了专题数据库，包括数值库、事实库。通过网络查询其他档

案部门、图书馆、博物馆等所保存的相关原始信息，档案编研工作者可以通过在线阅读、邮件发送原文、全文下载的方式获得所需内容，这极大地缩短了搜集素材所需的时间。

3. 充分利用社交网络平台

社交网络正成为内容创作、情感交流、信息分享的重要媒体，Web 2.0 版本新增的移动档案馆、微博、微信在档案工作中的应用，一方面能够提供便利的服务，及时掌握公众的需求动态，另一方面还可以成为协同合作的方式与渠道。以美国国家档案馆的“公民档案工作者”项目为例，该项目就是将部分开放的档案信息资源发布在 Twitter、Facebook 等社交媒体平台上，使具有相关专业背景的网民自由地对这些资源进行条目编辑；新加坡档案馆也有类似的公民参与项目，使档案资源充分发挥价值，走进人们的生活。

（二）由基础的实地编研走向主体联合编研

档案编研必须打破传统馆藏的物理概念，树立资源共享理念，采取跨部门、跨地区、跨领域的合作编研方式，实现档案编研的社会化。社会化编研除了传统方式中与图书馆、情报机构合作的范例外，还有以下几种方式。

1. 聘请相关领域专家顾问

专家往往是某一领域具有较为全面知识的权威人士，或是对该领域发展具有真知灼见的学者。大数据时代档案编研的类型多种多样，展示形式可以丰富多彩，因而涉及的领域更加广泛，这就为专家顾问的联合协助提供了前提。

2. 馆际之间的合作

馆际之间的合作具有较强的人员专业性、素材真实性和相对完整性，官方出品影响力也会更为深远。

3. 与企业佼佼者合作

中国第一历史档案馆提供丰富的第一手资料和丰富的研究成果，北京书同文数字化技术有限公司提供先进的软件开发技术，强强联合，互利共赢。

（三）建立档案编研成果数据库，拓宽宣传渠道

1. 建立档案编研成果数据库的意义及方法

建立档案编研成果数据库是顺应信息化发展的必然要求，网络是联系电脑客户端利用者与终端服务器编研成果的纽带，将成果数据库上传至云端等公众可以快速获得访问权的虚拟空间，这有利于编研成果更好地发挥现有价值，节省利用者的时间，而不再像以前一样为了查找某一专题而到处检索、筛选。

现今比较成熟的档案编研专题数据库，如云南省档案信息网公布的有关滇军抗日阵亡将士、南侨机工、云南陆军讲武堂等名录以及少数民族专题数据库，其中不乏云南少数民族珍贵的口述档案。若将类似档案编研成果汇集，以数据库的形式展现给广大利用者，会裨益良多。

建立数字档案编研成果数据库的方法有两种。一是逐步深入，量力而为。在建立数字档案编研成果数据库时，要多结合本馆的实际情况，如果经济、技术条件不完善，可先考虑建立编研成果目录库，切忌蚍蜉撼树。二是档案编研成果数据库要具有易用性，设置多元化的档案检索方式，如人名、地名、主题词、作者、时间等多项检索功能，扩展检索表达式的组配选择。

2. 拓宽档案编研成果宣传渠道

有效的宣传渠道可以对档案编研活动起到锦上添花的作用。

利用受众获取网络信息的途径，在搜索引擎、数字图书馆、学科信息门户等进行宣传。一些专业的搜索引擎，如我们熟悉的 Google 的图书搜索、学术搜索，百度的音乐搜索，档案编研可以与搜索引擎开发商合作，推出专门的档案编研频道。数字图书馆是一种馆藏以数字化格式存储在电脑并可以访问的图书馆，与传统图书馆相比，数字图书馆可谓是信息检索系统，档案编研成果进驻数字图书馆无疑也是一个不错的选择。

新兴网络媒体，如微博、微信、微视的蓬勃发展，为大数据时代档案编研成果的普及开辟了广阔的平台。相比微博、微视，微信的实时关注群体较多，微信耗流量最低，基本上综合了时下所有社交软件的功能，使用方便；对于公众号所有者来说，微信的传播成本较低，传播时效性强，功能多，推送平台支持多种客

户端登录。

（四）加强档案资源建设，拓展档案编研题材

传统的档案编研主要是汇编、文摘、史志等，并不能够充分实现馆藏价值，而且通常只起到提纲挈领式的线索作用。由于受到上传、下载、编辑技术等客观条件的制约，珍贵的口述档案、实物档案并没有走进人们的认知范围。现有的馆藏内容实际上是十分丰富的，因而要加强资源建设，挖掘内部现有的各类档案信息。

1. 编研题材要具有实用性

我们要时刻关注政府时事信息，选取与民生息息相关的话题，关注政府聚焦的中心议题，把握时政民生，才能更好地发挥编研成果的资政价值。这方面在档案界可以起到表率作用的是中国档案资讯网的“热点专题”专栏。网站工作人员能够及时地汇集时下热议的话题，在聚焦当下热点的同时，链接以往的相关专题编研，这充分体现出了政府档案服务对象的大众化，档案编研协助政府服务民众，帮助传播正确的思想、价值观。

2. 发展多元题材

档案馆的档案编研成果存在相似、特点不突出的现象。在大数据时代，在充分挖掘档案资源的同时，档案馆要着重建立特色档案，如名人档案、口述档案、声像档案等多元化档案类型，并在此基础上编写地方志、名人故事、风土人情，在大数据时代背景下有助于形成地方特色。

总而言之，大数据时代档案编研工作是档案馆主动开发档案信息资源，进行档案信息建设的一个重要环节。大数据时代的档案编研成果是一种知识结晶，档案记录了历史的过往、劳动人民的智慧，同时人们也要从中汲取知识与经验，工作人员如何通过各类渠道将编研的成果惠及广大人民群众是时下档案工作的热点问题。尽管当前数字档案编研工作还存在一些问题，但只要我们加强对数字档案编研工作的创新研究，学以致用，深化档案编研多边合作，就能够不断推动档案编研向好的方向继续发展。

第三节 基于大数据环境下档案工作的终端——智慧档案馆

一、智慧档案馆概述

（一）智慧档案馆的定义

从管理对象来看，智慧档案馆所管理的依旧是国家、社会和人类重要的活动记录；从职能来看，智慧档案馆仍然需要收集档案、管理档案、提供档案利用、传播档案文化、推进档案事业发展。

因此，本质上智慧档案馆是从属于档案馆概念之大类的，仍然满足档案馆定义及其相关内容。但不同的是，第四代档案馆被定义为“智慧档案馆”，也就意味着，它身上还具备了“智慧”的相关特征。因此，智慧档案馆的定义，还应从其“智慧”的角度来考量，即：智慧档案馆是通过综合如云计算、物联网等多种技术手段，具备进行感知、存储、联通、辨别、分析、决策、创造等多种功能，拥有独立管理和运作的能力和模式，进而对整个国家、社会和人类的档案（及补充材料）进行保存、管理和提供利用的开放式档案馆。

具备进行感知、存储、联通、辨别、分析、决策、创造等多种功能指的是，通过某些技术手段达到拟人化的智慧功能。比如，通过物联网技术，档案馆可以自动感知到每一卷、每一页档案进库、出库，乃至随后利用的整个过程，并伴随档案的整个运动过程，产生相应的信息，供管理者和利用者使用。又如，通过云计算技术，全馆、全地区所产生的所有数据、档案信息可以互联互通，打破传统意义上馆际之间的数据围栏，甚至是消除档案馆与国家其他部门之间的数据鸿沟。再如，通过大数据思维，我们可以利用档案馆内有巨大价值的档案信息，对某些问题进行自主决策，再从中创造出新信息。

实际上，智慧档案馆与传统意义上的档案馆并无本质区别，它仍遵从于档案馆的一切性质、基本职责和具体任务。因此，智慧档案馆也承担着“对整个国家、社会和人类的档案（及补充材料）进行保存、管理和提供利用”的职责和任务，但不同的是智慧档案馆是一个“开放式档案馆”，它的开放之处在于以下三点。

一是技术开放。当前学者对于智慧档案馆的技术认知，集中于“物联网”和“云计算”二者之上。但事实上，智慧档案馆中“智慧”的实现不仅仅也不可能只局限于这两个技术之上，反而是一切可以使之“智慧”的技术手段的集合。这样的集合中，不仅包括物联网或云计算这样的新兴技术，还应包括先前已应用于档案馆中的技术以及尚未被开发的未来技术。换句话说，只要是可以使档案馆智慧化的技术手段，都能为已所用，并不是说只有运用了物联网、云计算的档案馆才能是智慧档案馆。

二是资源开放。智慧档案馆可以打破传统意义上馆际之间的数据围栏，甚至是消除档案馆与国家其他部门之间的数据鸿沟。此外，资源开放同时意味着公开、分享档案的权限开放。随着“档案记忆观”的兴起，人们越来越多地意识到档案馆不能仅保存自上而下的声音，还应更多地重视自下而上的反馈声音。而这些自下而上的声音中，最真实的也许是公民自己手中的档案。随着公民档案意识的不断增强，人们更愿意与他人分享自己手中珍贵的档案。这就意味着，档案部门难以还原历史全貌的部分，将由公民自主完成。在某种意义上讲，每个公民都是历史的亲历者，都是档案的生产人。

三是可持续发展模式。这是智慧档案馆中最重要的“开放”之处。智慧档案馆的“智慧”不仅在于吸收各方面的档案信息，而在于管理这些信息的同时，还能不断产生新的信息供档案管理人员和档案利用者所用。这样的模式可实现档案馆在档案信息方面的可持续发展，如同智慧人类吸取着方方面面的信息和知识，再创造出新知识一样。再有，传统的档案部门是收集固定档案资源的部门（每个档案馆都有自己固定的接受范围），而智慧档案馆对公民权限的开放，意味着档案馆成了更全面地记录国家、社会和人类原始记录的宝库。来自公民的资源之多且不断不绝，使得档案馆资源宝库能够实现可持续发展。

（二）智慧档案馆的特征

1. 深度感知

在“智慧”的定义中，我们可以看到感知功能排到了首位，感知是档案馆工作拟人化的首要特征。

这里的感知，包括感知档案实体本身、感知档案上附着的信息、感知档案管理人员、感知档案利用者、感知档案馆楼宇等。总体而言，档案馆的感知系统表现出的是对档案馆中存在的人与物的全面的和深度的感知。它不是感知档案馆内的局部或部分信息，而是“感知”的全面覆盖，全面汲取档案馆内各个角落中的有用信息。它有别于传统档案馆信息碎片化管理，转而将碎片信息感知集中于一体，并进行智慧化的整合和衔接，从而实现对信息的全面利用。

档案馆作为国家最为重要的保存社会原始记录的重地，不仅承担着“维护历史的真实面貌”的职责，还需要“为现实的社会主义现代化建设和历史的长远需要服务”。这就要求档案馆开阔视野，摒弃以我为大的思维。除了对馆内展开全面深入的感知之外，档案馆还应对全社会的信息有所感知，并能满足全社会建设发展的需要，真正在馆内及全社会中实现档案工作者与档案、档案利用者与档案、档案与档案、档案与馆、馆与馆、馆与全社会等全面深度的感知。

2. 立体互联

智慧档案馆有了全面深度感知的信息和模式，还应进一步网络化才能使之发挥更大的功效，这就需要全方位、立体的互联互通。

在形式上，立体互联不仅表现为打破馆内现有的模块化管理模式，还要实现馆际之间的互联互通，甚至是档案馆与社会其他部门之间跨行业的互联。具体包括物理环境中的互联——档案与档案的互联、部门与部门的互联、楼层与楼层的互联、机机互联、库库互联等；虚拟环境中的互联——档案人员与利用者之间的互联、人机的交互、三网融合的互联互通（互联网、广播电视网和电信网）等。

3. 无线泛在

在打通了信息壁垒，消除了信息孤岛现象之后，在全面立体互联和协同共享的基础之上，智慧档案馆就形成了档案利用服务方面的无线泛在环境。

智慧档案馆将馆内外所感知到的信息以及互联互通所得的信息，利用互联网、广播电视网或电信网等渠道，供给档案利用者使用，形成一个不论何时、不论何地、不论何人均能利用档案和档案信息的无线泛在模式，实现档案的利用功能在利用渠道和角度上的全方位覆盖。这里的泛在，指的并不是随处可见的档案馆抑或是触手可及的档案人员，而是档案利用工作的随处进行，是将档案利用工作的便捷性、随时性全权交给利用者，满足利用者对档案的利用需求。

档案的利用需求千差万别，档案利用者对于档案的了解程度也参差不齐，其中一部分利用者可独立完成对档案的利用，另一部分则需要依赖于档案工作人员的协助。这就要求智慧档案馆的无线泛在不仅是将复杂的、多样的档案利用工作整合为几个简单、可行的方案，还要求具备和满足个性化的互动，切实地帮助利用者利用档案。

4. 可持续发展

通过对智慧档案馆的概念分析，我们知道智慧档案馆是一个“开放”的模式。它不仅是简单的收集各类档案，还因为先进技术的加入和管理模式的转变，不断产生着新的信息。同时，对公民共享档案权限的开放，公民自主和互动式的服务和管理模式将为其源源不断地参与到档案工作中来提供可能，体现开放创新、大众创新、协同创新的特征，为档案馆的资源宝库提供不断持续发展的机会。也正由于此，这也提高了公众对档案工作的理解、重视，甚至是监督。这无疑对我国档案工作的进一步发展提供了源源不断的动力，也是我国档案事业可以不断发展、进步、提升的源泉。

5. 以人为本

智慧档案馆中的“智慧”源自“智慧城市”的概念。智慧档案馆的建设，也是在参照智慧城市总体建设的框架之下，慢慢摸索、逐步前行的。这也就要求，智慧档案馆的某些特征，应与智慧城市的某些特征保持一致。

相应的，智慧档案馆还具备“以人为本”的特征。上述的几个特征，无一不是紧紧围绕“人”（档案管理者和档案利用者）而凸显的特征。首先，智慧档案馆的深度感知特征可以感知到档案实体或内容的变化信息，使得档案人员不用亲自查看档案运动情况，就能知悉每一份档案的去向。从某方面来说，这代替了档案工作者的一部分工作，使得档案工作者可以将工作重心投入到更有价值的工作之中，提高了档案工作人员的效率。其次，立体互联和无线泛在特征切实地为档案利用者带来了便捷。一方面是馆际之间没有了隔阂，档案利用者查找档案更加得心应手；另一方面，随时随地可用的档案泛在服务让档案利用者可以足不出户就能查找到所需要的档案信息。最后，可持续发展特征是站在更高、更远的全人类的视角上，让档案馆变成一个绿色、环保、可持续发展的部门，体现的是更高层级的“以人为本”。

二、智慧档案馆风险分析

（一）内部风险

内部风险即从智慧档案馆运维管理本身内在层面出发，科学系统地预测其风险。内部风险主要包括意识风险、人员风险、经济风险、管理规划风险和业务管理与服务风险五个方面。

1. 意识风险

由于智慧档案馆是近两年随着大数据时代下的智慧城市发展才兴起的一个新兴概念，国内外对相关方面的研究较少，因而对于智慧档案馆的运维管理研究还没有足够的经验可以借鉴，也没有统一的标准和规范可以遵循。因此，档案相关部门和人员对其意识淡薄，甚至不了解何为智慧档案馆。

一方面，领导层面对智慧档案馆建设的意识不足，导致对智慧档案馆的工作缺乏重视和支持，这是导致智慧档案馆的机构设置、库房建设、人员配备及现代化所需的经费、技术、装备不能落到实处的主要原因。另一方面，在智慧档案馆的运维管理中，管理者和社会利用者对新兴的智慧档案馆认识不足。对管理者而言，缺少对新形势下智慧档案馆的认识了解，导致不能合理规划管理形式和途径，也增加了智慧档案馆在运维管理过程中的困难。比如，职责混淆、浪费信息资源、增加经费开支、服务水平较低等。对社会利用者而言，在大数据时代背景下，科学技术和社会信息迅猛发展，对档案信息资源的利用量大幅度增加，但是其自身的素质水平并没有随之提高，对智慧档案馆的利用技术、利用要求、利用方法都知之甚少，导致智慧档案馆的信息资源浪费，也会严重影响智慧档案馆建设的进程。

2. 人员风险

智慧档案馆是适应现代高科技发展的一种形式，在其运维管理过程中最关键的因素是科技人才。人才是当今社会发展最重要的竞争资源，是最有价值的一种因素。智慧档案馆的运维管理需要有一支配套的、相对稳定的研究开发队伍和系统维护队伍，以加强人力资源保障。掌握了人才就掌握了技术，一旦掌握了核心技术的人员流失，就会直接影响到该项目快速、稳定的发展。其一，智慧档案馆的制度改革管理理念不完善，使档案部门不能适应本部门发展的管理理念、管理机制、工作流程和组织结构，极大地影响了激发技术工作人员干劲的体制的形成。将智慧型档案馆建设与档案部门的制度改革管理理念紧密结合，创建有利于优秀人才脱颖而出的体制机制。其二，智慧档案馆的建设发展需要信息专业技术人员支持，而各级各类智慧档案馆中的工作人员大部分都是档案专业的技术人员。兼具 IT 专业知识和档案专业知识的开发人员凤毛麟角，设计开发人员严重匮乏。这导致档案人员在履行运维管理的职责中不具备与时代相符合的知识水平和实践能力。档案工作人员由于不能掌握全面的档案理论知识，不熟悉与档案工作相关的文化、理论与科学技术以及档案记载内容有关的背景知识，不具备与时代发展相一致的思想观念，包括信息意识、服务意识、现代化意识等，最终导致其不能由管理型向知识型、技术型转变。

3. 经济风险

智慧档案馆建设的内容结构性、系统性强，对所包括的前沿技术要求较多，运维管理系统研发工作量大。因此，智慧档案馆在建设过程中需要投入大量资金来支撑其运行。

与智慧档案馆运维管理相关的技术随时代发展而不断发展进步，但是智慧档案馆建设资金的大量投入可能会导致技术出现不相匹配的跨越发展，对智慧档案馆的运维管理产生一定的风险。尤其在技术经费和运维管理配套投资方面，需要智慧档案馆给予重视和保障。近年来由于社会经济和企业经营形势的不确定性，市场资本不能及时回笼，因而由于经济和企业经营形势的不确定性，资金的来源渠道存在一定的风险。同时，由于申报初期可能对预算估计不足，设立的研究内容可能偏多以及对关键技术的难度估计不足，都可能导致需要额外的投资。

4. 管理规划风险

智慧档案馆的运维管理是一个系统工程，不可能在短期内实现其目标，运维管理存在一定的风险。这是因为在智慧档案馆运维管理初期，首先，对智慧档案馆自身情况研究得不够彻底，因而不能做出科学合理的组织规划，导致职责混淆不清，管理范围不明确；其次，智慧档案馆刚刚兴起，社会各界对其管理方面的研究较少，在运维管理过程中的各种风险并未完全暴露，因而不能进行全面系统地研究；最后，对系统规划阶段的认识不足、缺乏安全框架整体考虑和组织管理的疏漏都会给智慧档案馆的运维管理留下极大的隐患。

5. 业务管理与服务风险

云计算、大数据、“互联网+”等技术的应用以及档案信息的数字化，会出现海量的数据信息，与传统档案馆服务相比，智慧档案馆业务管理与服务面临的主要问题已不是档案信息资源的匮乏与用户日益增长的需求之间的矛盾，而是档案信息资源的泛滥、无序以及存取障碍与用户选择和获取之间的矛盾。这就会在一定程度上给智慧档案馆的管理与服务带来一些新的挑战。

（二）外部风险

1. 自然环境带来的风险

不管是传统的档案馆还是数字档案馆以及数字档案馆发展的高级阶段智慧档案馆，自然环境都会对它们产生影响，主要包括天灾和人祸两个方面。其中，前者主要包括一些因自然环境的变化引起的灾害，像地震、洪水等；后者主要包括一些人为因素产生的灾难，像战争、恐怖袭击等。

2. 社会环境带来的风险

智慧档案馆在社会中运作，一定会受到社会环境因素的影响。分析电子文件风险的社会因素，结合智慧档案馆的相关因素，我们将社会环境带来的风险分为以下两个方面：规范体系风险和同行风险。

（1）规范体系风险

当前档案部门建设智慧档案馆虽具备一定的基础，但是没有统一的规范和建设的平台，缺乏对智慧档案馆的顶层设计。智慧档案馆建设可能面临一系列的风险，如智慧档案馆建设粗放、没有统一的标准和规定等。并且虽然一些地方规章或规范性文件正在积极尝试，但目前行之有效的制度少之又少，在业务操作上缺乏科学规范的执行标准，且在档案资源开发中可能面临不可预知的法律风险。

（2）同行风险

对于智慧档案馆而言，同行就是指同类的档案馆。一方面，智慧档案馆的建设处于初级阶段，其相关制度和要求没有统一的标准，同类档案馆不免会做一些具有潜在风险的示范，这就会产生比较恶劣的影响。另一方面，同类档案馆之间会因地区、经济发展状况等差异而有所差别，这就对智慧档案馆的建设、运行带来诸多需要考虑的因素，给智慧档案馆的运维管理带来一定的风险。

三、智慧档案馆建设的策略

（一）深入研究智慧城市背景下智慧档案馆建设理论与政策

虽然国内外已经有很多城市进行智慧档案馆探索，但是现如今，仍没有完善的有关智慧档案馆的标准规范出现。诚然，在当今社会的条件下，信息技术、社会需求不断变化，智慧档案馆的模式不再一成不变，但智慧档案馆的建设仍然需要一定的标准和规范的指导，通过确定一定的标准准确找到档案馆转型的切入点，通过云计算构建智慧档案馆的数据处理平台，通过大数据对数据进行挖掘、存储和分析，通过物联网感知馆内环境，通过移动互联网提供基于用户自身需要的服务，推动智慧城市的建设与发展。

（二）智慧档案馆建设要有整体规划

整体规划就是在一定区域内，根据确定的要求所做的总体安排和布局。智慧档案馆的建设也要有整体的规划和安排，包括找准智慧档案馆的定位、明确档案馆功能、确定档案馆构架等。智慧档案馆整体规划的构建要从当地实际情况出发，针对本单位的馆藏档案信息、设备情况、人员配备、资金支持、技术状况，考察构建智慧档案馆的方向以及可能面对的问题，同时配合其他地方档案馆建设的经验方法，灵活应用，做好整体规划。

(三) 积极构建合作机制与平台

各地数字档案馆、数字图书馆等都有了一定的发展，为智慧档案馆的发展提供了很好的借鉴。数字图书馆及数字档案馆在海量信息收集、存储，数据挖掘，信息检索、查询方面为智慧档案馆打下了良好的基础，我们可以通过学习已有经验、补充存在的漏洞，实现智慧档案馆的健康发展，也为以后的图情档一体化打下坚实的基础。

(四) 人员观念的更新和转换

智慧档案馆的建设需要引进大量的物联网、计算机技术人才，也需要对原有的档案工作者进行培训，进行观念的更新与转换。这不仅包括从纸质环境下的管理理念向电子环境下、智能管理环境下的管理理念转变，也包括从孤立封闭的保守观念向合作开放的共享观念转变。我们要通过人员观念的转换，改善档案工作者的思维方式、工作方式，推动智慧档案馆的转型升级。同时，我们要注重对群众档案意识的培养，通过及时的政策普及、服务升级与宣传，让群众了解智慧档案馆，参与到智慧档案馆所提供的智能化、个性化服务中去，让智慧档案馆服务于民。

随着信息时代的来临，智慧地球、智慧城市的理念相继出现，进而推动着档案馆优化升级，向智慧档案馆转变，这是继传统档案馆向数字档案馆发展之后出现的又一新趋势。

智慧档案馆是档案信息化发展的必然产物，是档案馆的高级形态。虽然智慧档案馆的研究仍处于初级阶段，智慧档案馆的建设也处于探索阶段，并不算很完善，但这不能成为我们停滞不前的借口，如今我们更应该进一步探讨智慧档案馆概念、技术、体系构架等，形成完善、成熟的理论，用理论指导实践，进而取得智慧档案馆建设的新成就。

第七章 现代管理科学方法在档案工作中的应用

第一节 价值管理在档案工作中的应用

一、价值管理概述

（一）价值管理的产生与发展

价值管理又称基于价值的管理，是一种基于价值的企业管理方法（通常是指最大化股东价值），是指在企业中广泛地被引入管理行为，依据组织的远景，公司设定符合远景与企业文化的若干价值信念，并具体落实到员工的日常工作上，一般的工作性质或问题，只要与公司的价值信念一致，员工即不必层层请示，直接执行工作或解决问题。价值管理对企业的好处在于不仅能够传承落实公司远景，更能设定企业员工守则、工作信条等，在组织内部进行各种层面的沟通，凝聚组织、团体和个人的目标成为共同信念，以增加组织成员对生活品质的满意度，最终做好顾客服务，保持组织的竞争力和获得长久的事业成功。价值管理的目的就是实现企业使命（经营理念）、实现企业使命和目的的经营战略、企业治理（由谁来制定企业使命、规范企业活动）、企业文化、企业沟通、企业组织形态、决策系统和决策流程、绩效管理系统和流程、薪酬回报系统和流程，与企业所要追求的价值和目的之间的一致性（通常是指最大化股东价值）。

价值管理在我国还比较陌生，国内一些有关价值管理的论著往往把它和价值管理同样看待，认为只是名称不同而已。其实不然，价值管理是在价值管理基础上发展起来的一种系统的管理思想和方法。

价值管理一般用于一个较复杂的系统，如一个工程项目或一套设施等的建造直至使用的全过程管理。它对该系统的整个寿命周期的各个阶段和各个方面的费用与功能进行分析，追求整体的最优价值。为此，它要应用系统工程、价值管理、可靠性分析、质量管理、市场及各种先进技术和方法，以实现用最低的寿命周期成本可靠地实现系统的必要功能；在对方案进行经济评价和选优时，由于投资回收期一般较长，应考虑资金的时间价值，使用动态分析方法，必要时，还要进行不确定分析。在价值管理的全过程中，要加强财务管理和进行经济效益审计，以确保目标成本的实现。由上述可见，价值管理是一种系统的、全过程和全方位的管理思想和管理技术。

价值管理的工作程序大体上和价值管理相同，即价值管理对象选择，价值管理情报搜集，功能分析，功能评价，方案创造，方案评价，编写提案，提案审批，方案实施和成果鉴定。

随着价值最大化上升为公司整体的管理思想，价值管理作为一种以创造价值、实现价值增长为目标，在公司的经营管理和财务管理中遵循价值理念，依据价值增长规则和规律，探索价值创造的运行模式和管理技术，逐渐成为企业现代管理实践的最佳模式。经历了十几年的发展，价值管理已经成为美国企业界公认的最为有效的管理理念。但是，将价值管理作为一种管理模式能真正应用到管理体系中的企业却并不多，取得成功的更是凤毛麟角，这主要是由于缺乏理论方面的指导。

1. 基于价值派（piemodel）模型的企业价值观

按照这一模型，企业价值是负债市场价值与股权资本市场价值之和。即 FV =B+S 式中 FV 表示企业价值；B 表示公司债市场价值；S 表示股票市场价值。由于公司债价格虽然会受到利率波动的影响，但其市场价值总是有一个中心支撑线，即公司债的票面值。而股票价格及其波动却反映的是一种长期趋势。所以，在此情况下企业价值最大化目标与股东价值最大化目标达到了协调和统一。基于价值派模型的企业价值观将人们的视线由企业自身引到了证券市场上，将证券市场的价格机制引入了企业价值的生成过程，突出了债务资本投资者与股权资本投资者在整个企业价值生成过程中的不同作用。在经济金融化日益深化的现代社会中，基于价值派模型的企业价值观对于投资者而言具有很大的吸引力。但是，这种企业价值观没有告诉投资者企业价值的真正的源泉究竟在哪里。因此，按照这种企业价值观进行价值管理，投资者在关注证券市场的同时，也必须密切关注着企业自身的各种变化。

2. 基于折现现金流量模型的企业价值观

按照这一模型，企业价值是未来时期内期望现金流量按照加权平均资本成本进行折现之和。该模型建立在持续经营和资产可以被循环用于创造未来收益和现金流量的基础上。折现现金流量模型能够更好地体现企业价值的性质，即企业价值从本质上讲反映的是企业投资者对企业现金流量索偿权的大小。企业之所以存在是由于它对其投资者有价值，而这种价值正好体现在企业能够向其投资者提供足够多的现金流量。基于折现现金流量模型的企业价值观认为企业价值取决于未来期间企业经营活动所创造现金流量的多少，以及这些现金流量的风险程度的大小。

基于折现现金流量模型的企业价值观认为，决定企业价值的是企业在一个较长时期内所获得的现金流量的多少，仅仅追求某一时期内的现金流量最大化对企业价值的增加并无益处。该企业价值观有助于消除短期行为，增强企业的可持续发展能力。该价值观奉行“现金为王”原则，强调公司价值的概念不是基于已经获得的市场份额和利润，而是基于与适度风险相匹配的已经获得和可能获得的自由现金流量 FCR。公司价值本质上是投资者对公司自由现金流量追索权的大小，公司价值也当然取决于公司在当期以至未来创造自由现金流量的能力。

3. 基于经济增加值（EVA）和市场增加值（MVA）的企业

基于经济增加值和市场增加值的企业价值观认为企业价值是企业税后的经营利润与投入资本成本的差额。而市场增加值是企业在未来时期创造的经济增加值的现值。在强式有效的证券市场上，市场价值和市场价格是一致的，EVA 应该与 MVA 有很强的相关性。这种价值观认为以价值为基础的管理是通过创造出超过资本成本的收益来增加股东的价值。关注于真正的价值即经济利润而不是账面利润，只有当公司收入在弥补了投资人的全部成本之后仍有剩余，公司才创造了真正的价值。

价值管理，又称为基于价值的企业管理是指以价值评估为基础，以价值增长为目的的一种综合管理模式。根源于企业追逐价值最大化的内生要求而建立的以价值评估为基础，以规划价值目标和管理决策为手段、整合各种价值驱动因素和管理技术，梳理管理和业务过程的新型管理框架。价值管理本质上是一种管理模式、一整套指导原则，是一种以促进组织形成注重内外部业绩和价值创造激励的战略性业绩计量行动。企业价值管理是一个管理结构，通过评价和管理企业活动为股东创造长期的价值。并通过股票价格的增加、股利的增长来给予奖励。

一是根据以价值为基础的管理的结果来定义。以价值为基础的管理从本质上是一种管理方法，其实质是通过产生超过资本成本的收益来最大化股东的价值。以价值为基础的管理是一个管理框架。该框架可用于计量业绩，更重要的是用于控制公司业务，从而为股东创造出较高的长期价值并满足资本市场和产品市场的要求。以价值为基础的管理是一种新的管理方法，关注于真正的价值而不是账面利润。只有当公司收入在弥补了投资人的全部成本之后仍有剩余，公司才创造了真正的价值。二是按照以价值为基础的管理的过程来定义。以价值为基础的管理是一种全面的管理手段，包含了重新定义的目标、重新设计的结构和体系、更新了的战略和经营程序以及修补了的人力资源实践。以价值为基础的管理不是一个速成的方案，而是一条需要坚持和投入的道路。三是结合以价值为基础的管理的过程和成果来定义。以价值为基础的管理是一种管理方法，其主要目的是最大化股东的财富。公司的目标、体制、战略、分析技术、业绩计量和文化都紧紧地围绕着股东财富最大化这一目标而展开。以价值为基础的管理是一种以股东价值创造为公司哲学的核心的管理方法。最大化股东财富引导着公司的战略、结构和程序，并决定管理者的报酬方式和业绩的监控方法。在上述基础上，将价值管理定义为以企业价值最大化观念为先导，以折现现金流量模型为基本技术支持的，汇合企业内部各层次、各环节、各种雇员共同参与的一个管理系统。该管理系统融预期、计量、控制、激励甚至文化等诸要素于一体，是经济金融化环境下企业管理发展的一个必然趋势。

综上所述，价值管理（VBM）是以股东价值最大化为理财目标的结论。即VBM 的目标就是创造价值，实现股东价值的增长。它要求在企业经营管理和财务管理中，遵循价值的理念，依据价值增长规律，来探索价值创造的运行模式和管理技术；从而建立起连接企业战略，并应用于所有对企业价值有影响的各个因素和整个经营过程中的决策及控制体系；要求公司一切决策和行为以是否能够为股东创造价值为评价基准。

（二）价值管理的特征分析

1. 以资本市场为依托

价值管理活动的展开几乎都以资本市场为背景，价值管理理论的形成和发展更是离不开发达、完善的资本市场。尤其是 20 世纪 80 年代公司控制权市场的出现，发端于公司控制权市场上的恶意收购活动，更是直接导致了价值管理理论和实践的产生和发展。在这个过程中，要么通过改善公司业绩来提高公司的股价，要么面对敌意收购的威胁。20 世纪 80 年代公司控制权市场的活跃使人们开始对公司管理者进行规范。在完善的资本市场，投资者高度分散，为了有效地聚拢投资者的人气和资金，企业管理当局也将不得不进行价值管理。而且，价值管理的结果能够得以实现的基本条件也在于股票市场效率很高的状态下，股票价格能够基本反映公司管理当局的管理绩效。由此可见，在经济金融化日益深化的现代社会中，将证券市场的价格机制引入企业价值的生成和管理过程中，是企业管理者的必然选择，因而可以毫无疑问地讲，以资本市场为依托成为价值管理的基本特征。

2. 以股东价值最大化为根本目标

价值管理作为一种新型的企业管理模式，认为企业追求的终极目标是为股东创造价值，实现股东价值的最大化。股东价值通常包含某一期间股东实际获得的股利，加上由于股票价格波动而形成的资本利得两部分。而“股东价值最大化”的含义，并不是股利和股票价格波动而形成的资本利得越多越好，或者讲“股东价值最大化”并不是指股利越多越好，股票价格越高越好。相反，股东价值最大化这一理财目标是通过满足股东的最低报酬率要求来实现的，即如果股利和资本利得之和能够满足股东的最低要求报酬率，就可以认为企业的价值管理实现了股东价值最大化的目标。其中股东的最低要求报酬率就是该企业的资本成本，是该企业进行投资的最低盈利水平。为了实现这一目标，企业管理人员必须找到能够带来超过要求报酬率的投资项目，使得项目的报酬率能够大于或者等于股东的要求报酬率，只有这样，项目的净现值才能大于或等于零，才能够为股东创造价值。

3. 重视现金流量和资本成本

以股东价值最大化为最终目标的价值管理作为一种管理模式，首先必须关注企业未来时期经营活动现金流量的创造，其次必须重视对现金流量的风险进行控制，通过对未来各期的预计现金流量、企业加权平均资本成本这两个基本因素进行预测和控制，从而实现股东价值最大化。因此，重视现金流量，重视资本成本成为价值管理的重要特征。

自由现金流量是指企业在满足了净现值为正的投资项目资金需求之后剩余的经营活动现金流量。自由现金流量的“自由”即体现为管理当局可以在不影响企业持续增长的前提下，将这部分现金流量自由地分派给企业的所有投资者，既可以以利息的形式支付给债权人，以满足债权人的报酬率要求；也可以以股利的形式支付给股东，保证股东价值最大化的实现。在债权人报酬率既定的情况下，自由现金流量越多，股东所得到的现金流量越多，要求报酬实现的可能性也就越大。从求偿权的次序上看，首先是债权人对企业自由现金流量提出求偿，借以实现收益。然后才是股东提出求偿。如果债权人的报酬率要求得不到满足，股东就不能获得现金流量。可见，在价值管理过程中，为了实现股东价值最大化目标，理财人员必须高度关注企业经营活动创造现金流量的情况，并确保现金流量目标的实现。

所谓资本成本是指企业获利水平的最低限，取决于企业投资活动风险程度的大小，以及投资者对投资报酬率的要求。从企业的角度讲，资本成本是进行投资决策时必须严格遵守的报酬率水平的最低限，达不到这一下限的投资项目按此资本成本折现后的净现值为负，不仅不会增加价值，反而会减损价值；从投资者的角度讲，资本成本则是其要求报酬率水平，是投资者根据投资项目的风险水平和证券市场上的报酬率水平估计、确定的报酬率水平。因此，资本成本又常被称为要求报酬率和折现率。可见，资本成本取决于企业投资项目的风险程度。如果企业不能通过实物投资提供这一要求的报酬率水平，投资者就只能放弃在该企业的投资而转投他处。

4. 重视企业可持续发展能力

重视企业的可持续发展能力是价值管理的又一重要特征。与之相对的利润管理之所以逐渐被现代企业所摒弃，关键原因在于利润管理中对利润最大化的追求破坏了企业赖于持续发展的内部机制，造成企业的短期行为，从而造成利润管理企业普遍“短命”的结果。

由于在对企业价值进行的估算中始终包含一个假设，即估价是在企业持续经营状态下进行的。决定企业价值的基本因素除未来各期的预计现金流量、企业加权平均资本成本以外，必然还包括企业存续期这一重要因素。即能否实现股东价值最大化，不取决于企业在以往时期里所获得的收益，而是取决于企业在未来时期里可能获得的现金流量的多少、企业投资活动风险程度的大小，以及未来存续期的长短。企业的持续存在既是对投资者利益的最好保障，又是整个社会保持稳定和繁荣的重要基础。因此，企业价值管理必须重视可持续发展或者说长期性这一特征。

可持续发展的含义还包括另外一个方面，即未来性。成功的企业价值管理应当懂得重视未来，并且科学地规划未来，树立可持续、长远发展的观念。关于价值管理的行为，长期的战略性投资决策意义远远大于日常的经营性决策，在投资活动中所产生的现金流出的直接目的，即是在未来时期里取得足够多的经营活动现金流量。根据长期的战略性决策确定企业发展的基本方向，然后将战略性决策具体化地分解为中期或短期的经营预算。

追求企业的可持续发展是企业价值管理的重要特征，这一特征包含着长期性和未来性两个方面的含义。可持续发展的价值管理意味着企业在未来可预见的时期内，有望获得足以补偿各项成本的、稳定增长的现金流量，从而使股东实现价值最大化。没有企业的可持续发展，股东价值最大化便无从谈起。

（三）价值管理的实质内涵

价值管理是从“价值”这个视角来看待整个企业，因此，整个企业管理就是价值管理，而销售、市场、财务、生产管理均是围绕实现价值战略的职能活动。

价值管理除了财务管理之外还需要几乎企业所有部门的管理活动来支撑，它强调的是一种整体视角和观念，与传统的财务管理区别显著。其主要特征如下：

1. 奉行“现金流量至上原则”

价值管理的观点强调，对上市公司的股票价格和非上市公司的公司财富来说，公司价值是比每股收益、销售和利润增长或其他传统会计指标更为重要的决定因素。公司价值的概念不是基于已经获得的市场份额和利润数据，而是基于与适度风险相匹配的已经获得和可能获得的自由现金流量。自由现金流量的变化代表着公司实际的、可控制支配的财富的变化。

2. 公司价值由多因素驱动

按照拉帕波特的价值模型，影响公司价值的因素可以归纳为自由现金流量和资本成本两大类因素，包括销售增长率、销售利润率、所得税税率、固定资本增长率、营运资本增长率、现金流量时间分布和加权平均资本成本等。价值管理应该回答的问题是从长期财务目标开始，并将之与某些行动结果联系起来，这些行动必须在财务指标、业务流程、内部流程，最后是员工及系统中实施，公司在为股东寻求利润与财富的同时，满足了管理者、债权人、供应商、顾客、员工、政府等的共同价值需求，所以有人认为公司价值最大化的目标本身就是一个多方利益协调且最终达到总和最大化的过程。

3. 价值管理以“过程”为导向

价值管理强调管理是一个社会过程，要将价值评估和管理的方法引入管理过程的各个方面，包括战略、组织、计划、控制、评价等，特别关注如何运用价值观念进行战略和日常经营决策。管理层实施以价值为基础的管理，可以将公司的全局目标、分析技术和管理程序整合在一起，推动公司将管理决策集中在价值驱动因素方面，最大限度地实现其价值。这些行动主要涉及人和人之间的关系，具有鲜明的社会过程性。因此，所谓价值管理理论就是要就价值来论管理，体现管理的社会过程，立足于组织结构和治理环境，从实现公司战略目标，提高其核心竞争能力的角度重新解读管理功能。

4. 人的价值实现是公司价值管理的实质内涵

在价值管理过程中，只有充分发挥人的主观性和能动性，才能有效利用企业的各项资源，并将企业所拥有和控制的各种资源转化为可以带来增值的资本，因为人的创造力和对成功的渴求才是企业价值的真正源泉。在公司价值管理模式下，公司的各项价值管理工作需要通过具体价值驱动因素指标的分解，落实到各个车间、职能部门、团队直至个人才能实现，成功的价值管理需要整个组织（从管理层到基层员工）的认可、支持。在企业内部只有建立了创新型企业价值文化，管理层和全体员工齐心协力，积极参与，进行团队合作，才能够保证价值管理的成功实施。也就是说，人本管理与价值管理是密不可分的。

（四）价值管理的发展趋势

目前关于价值管理的研究主要集中于理念、战略层面以及企业内部管理，对于在资本市场中价值管理信息的披露仅仅是零散的、不系统的片段，由于价值管理信息披露方面的严重缺陷，使得有效资本市场远远不能实现，价值管理仅仅成为企业 CFO 限于关键事件、关键时点的战略决策与业绩评价，这大大局限了实施价值管理的效率和效果。如何充分发挥价值管理的作用，将价值管理绩效信息完整、系统地反映于资本市场，成为未来价值管理理论研究的重要目标之一。而实现这一目标的主要技术支撑是建立一个能够充分反映和披露价值信息的信息系统——基于价值的信息系统。

1. 建立基于价值的信息系统

基于价值的信息系统是采用由未来现金流量现值估计的公允价值作为企业资源的价值进行披露，能够全面反映企业的实际价值和发展潜力，是价值管理的有效技术支撑。价值管理活动几乎都以资本市场为背景展开，而现代资本市场是建立在信息披露的基础之上的，具有可靠性和相关性的信息系统支持是资本市场健康、有序发展的必要条件。基于价值的信息系统能够满足作为建立有效资本市场技术支撑的要求，具有能够真实反映企业价值的根本特征。按照微观经济学的观点，价值是指未来现金流量的现值。随着资本预算中折现技术的运用，财务学者也接受了关于价值的这一定义。企业价值就是企业预期未来现金流量的现值，也是市场预期的结果，而一般来讲，市场预期依赖两种信息，一是能够验证市场预期的历史信息，二是直接或间接形成预期的未来信息。历史信息通过验证市场预期来修正市场价格。在有效市场条件下，市场的定价是准确的，然而，这种准确性是通过预期—修正—再预期—再修正的过程实现的。

2. 价值管理的方案创造阶段

价值管理的方案创造阶段要求形成一种有利于创造的环境和气氛，鼓励发挥创造性，以在技术上和经济上出现突破性的进展。

创造可以沿着两个方向发展：一是创造出一种全新的原理、材料、结构或方法等等；一是将已知的东西进行新的组合，创造出一种从整体上看是新的东西。在价值管理的方案创造阶段，上述两个方向的创造都应采用。而沿着后一个方向进行创造是很重要的，应该创造性地、综合地应用标准化管理、可靠性工程、质量管理、成组技术计算机辅助设计和计算机辅助过程设计等现代技术，以实现价值管理的目标。

以应用可靠性工程为例，当系统的设计方案确定以后，应当应用可靠性工程进行可靠性设计，包括搜集可靠性的情报资料，确定可靠性指标，并在系统内进行合理分配，使整个系统在达到所要求的可靠性的前提下其成本为最低，这当然和价值管理的目标是一致的。

价值管理要求使用各种先进技术，包括先进的工程技术和先进的管理技术。因为先进技术可以提供落后技术不能提供的功能，或是可以以更低的成本或更高的效率来提供某种功能，而这些正是价值管理目标所要求的。价值管理既是推广应用先进技术的助力，又是先进技术可以驰骋的广阔天地。

3. 价值管理方案的经济评价

推行价值管理时，和价值管理相似，同样要求充分发挥创造性多提方案，而后进行方案评价和选优。方案评价同样可分为技术评价、经济评价、社会评价和综合评价。价值管理的经济评价差异较大，需作专门介绍。

一个较复杂的系统的设计、施工和投入运转，一般需要巨额投资，其经济寿命期也较长。如果是一个收益型的系统，其投资回收期一般也不会太短。因此，在对方案进行经济评价时，应考虑资金的时间价值，采取动态分析与静态分析相结合的方法。可以参照国家计委颁发的《关于建设项目经济评价工作的暂行规定》的精神，对方案进行经济评价，一般应计算方案的净现值（NPV）和净现值率（NPVR），对于经营性收益型的系统，还应计算其投资回收期、内部收益率（IRR）、投资利润率和投资利税率等，并要分别进行财务评价和国民经济评价（应以国民经济评价为主）。如果涉及产品出口创汇或替代进口节汇的项目，还应计算外汇净现值（FNPV）、换汇成本或节汇成本等。

为了使经济评价能建立在比较可靠的基础之上，考虑到经济环境及经济参数可能发生的变化，还应进行不确定性分析，如敏感性分析和概率分析等。为了有效地进行价值管理，要建立进行价值管理的组织，其职能主要是两方面：一是管理、协调；二是组织、推行。

可以根据价值管理对象的复杂程度或价值管理活动的规模来确定价值管理组织的形式，对小规模的价值管理活动，成立一个小组，甚至由一人负责即可。而对一个大规模的或复杂的价值管理活动，则需要建立由总指挥和部门指挥负责管理、协调职能，并在各有关职能机构成立小组或设专人负责组织、推行价值管理活动。

二、价值管理在档案管理中的应用实例

档案管理现代化是档案工作现代化的一个重要组成部分，是实现档案工作现代化的一个基本条件，运用科学的管理方法手段对档案工作进行有效管理，能使之获得最佳的工作效率、经济效益和社会效益。而相对而言，挖掘管理上的潜力要比技术上的潜力更大。而价值管理作为一种重要的现代化管理方法在档案工作中有着广泛的应用。

价值管理，就是在不影响功能的前提下，有组织地用产品功能分析的方法，排除不必要的成分费用，并以最低的总成本来确实达到或完成产品的功能。价值管理的核心和方法上的特征是对产品（或作业）进行功能分析，从而排除那些不必要的成本费用，其目标是以最低的总成本（费用）使某产品（作业）具有它所必须具备的功能。价值管理这一方法在现代化管理科学中，显示了强大的生命力，其关键意义在于在保持或提高产品功能的前提下，揭示出了降低成本的途径和幅度。

价值管理这种分析问题、解决问题的科学的价值观运用于档案管理，实现档

案工作的价值最大化、功能最优化、成本合理化，最终以最小的劳动耗费取得最大的社会效果。

基于这样一种理论，我们可将价值管理在档案管理中的运用公式概括为：

档案工作实现价值（简称：价值）= 档案部门在社会中发挥的功能水平（简称：功能）-投入档案工作的各项成本支出（简称：成本）

从公式可以看出：功能越高，成本越低，则价值越大，所以，在档案管理中运用价值管理思维，应着眼于提高价值，降低消耗。

（一）拓展档案部门发挥的功能水平

档案部门（室）在社会中发挥的功能水平越充分，其档案工作实现的价值就越高。由此可知，我们现有档案部门应在提高改善功能和追求功能多样化上下功夫。

提高改善功能就是档案部门（室）扩大信息资源网，不断强化服务深度，适应社会对档案工作高层次需求的过程；追求功能多样化就是档案部门（室）充分利用自身的信息和技术设备优势，满足社会对档案工作多方位需求的过程。

（二）降低投入档案工作的各项成本支出

档案部门（室）投入档案工作的各项成本支出越低，其档案工作实现的价值就越高。由此可知，我们现有档案部门（室）应注意吸引和采用价廉物美的新材料、新设备，组织应用科学有效的经营管理方法，力求以最低的资源耗费实现预定的目的。这一途径见效快，应用面广，是一种较简单易行又稳妥的价值提高策略。

总之，运用价值管理思维，扩大了档案投入的节约额，降低了成本率，增强了档案管理的投资效益，它的使用使档案管理工作进入了一个新的阶段。

（三）价值管理在档案管理中的具体应用

价值管理是一套相当成熟而行之有效的现代化管理方法，可以说凡是有资源消耗的地方都可以广泛应用。在档案管理工作中计算机管理软件的开发、档案装具的设计制作、档案工作的环节、库房管理、方案选择、劳动力安排等都可利用。价值管理在档案管理中的运用可归结为两大类（实物性管理、非实物性管理）。

1. 实物性管理过程中的价值分析研究对象

档案管理设施、专业设备等物质。功能：产品功能所要求的物质功用。

成本：价格、运费、保管费、维护费、修理费等。

目的：以最低的物质成本，提供产品功能所要求的物质功用。

价值管理的主要运用：

（1）物质设备的采购

档案部门在物质设备的采购时应首先分析必要性，去掉不实用部分，其次要考虑如何获取价格低廉、符合质量要求的产品，要综合考虑各项成本支出，货比三家，引进外地货源时还应考虑相应的运输路线、今后的维修服务、故障排除等。

（2）物质设备的保管

档案部门应充分考虑到物质设备的特性及资金占用情况，力求达到加快资金周转又符合设备保管要求的目的。

（3）物质设备的代用

档案部门应注意吸收和采用新设备新材料，要多比较、多分析、合理选择，在实现某项功能，满足某种需要的情况下，尽可能用廉价产品代替贵重产品，排除不必要的成本费用。

（4）物质设备的简化

档案部门应以自身要求的功能出发，对占有重要成本费用而档案部门无此项功能要求的产品予以简化甚至取消，以降低产品造价。

（5）物质设备功能的释放

档案部门应分析使用的设备功能有无过剩现象，有无出现“大马拉小车”“杀鸡用牛刀”的浪费问题，如：不少档案部门计算机功能单一，仅等同于打字机使用。这些档案部门应考虑物质设备功能的外放，即在条件许可时有些物质设备对社会开放服务，达到物质设备功能使用的最大化，以提高其利用效率。

2. 非实物性管理过程中的价值分析

研究对象：实现档案管理职能的一切管理事务，如管理的方法、手段、机构设置、劳动力安排等。

功能：计划、组织、用人、指挥、监督、控制、协调、激励等管理职能。

成本：从事某项管理活动的直接费用（包括管理人员的工资、会务费、办公费、差旅费等）和间接费用（包括与该项管理活动有关的一切开支）。

目的：以最少的管理活动费用，把一个机构拥有的人财物力调动起来，有效地履行其管理职能，取得最好的社会效果。

价值管理的主要运用：

（1）强化工作质量。档案部门应分析档案工作各个岗位的功能是什么，分清主次功能，合理分配馆内资源，对功能过剩，耗时过多的管理工作，可采取简化合并手段，对用时不够，功能不足的管理工作则应充实力量，强化效能。

（2）优选工作方案。档案部门应从实施工作方案的功能要求出发，结合本部门具体情况评价，加以多种工作方案的比较，融各方案之精华为我所用，谋求符合功能要求的最优方案，组织实施。

（3）合理分配工作流程，档案部门应系统分析档案工作的整个流程，把整个流程分解为过程、工序、动作来分析评价各道工序的合理性，通过增、减、合并，强化整个流程的某些环节，研究出最佳的工作流程，并找出关键工序加以重点改进，重点突破。

（四）价值管理在档案管理中应用的注意事项

1. 运用创造性思维

价值管理的中心环节是围绕功能进行本质思考，所以档案部门在采用价值管理这一现代化管理方法时要首先认定其有不合理、不经济的地方，有潜力可挖，要敢于怀疑，积极思考，大胆创新，勇于变革，不断提出问题、分析问题和最终解决问题。

2. 正确认识“成本”内涵

在实际工作中，成本包含有形的（精神的）和无形的（物质的）两类，是信息成本、智力成本、情感成本、资金成本等的集合体，我们在此粗略地把资金成本当成了成本来研究。

3. 价值管理的运用应充分发挥集体力量

价值管理的运用涉及档案部门各项工作、各个环节，需要运用多种学科的知识经验，它不是个人行为所能完成的，是一个集体创造、综合协调的工作。档案部门要加强组织管理，充分发挥集体力量，调动广大员工的积极性；共同讨论，集思广益，有领导、有计划、有步骤地进行工作。我们深信价值管理在档案管理这块天地中必将发挥出更大的作用。

第二节　全面质量管理在档案工作中的应用

一、全面质量管理概述

（一）全面质量管理基本概念

全面质量管理，即 TQM（Total Quality Management）就是指一个组织以质量为中心，以全员参与为基础，目的在于通过顾客满意和本组织所有成员及社会受益而达到长期成功的管理途径。在全面质量管理中，质量这个概念和全部管理目标的实现有关。

1. 全面质量管理的发展与兴起

全面质量管理是企业管理现代化、科学化的一项重要内容。它于 20 世纪 60 年代产生于美国，后来在西欧与日本逐渐得到推广与发展。它应用数理统计方法进行质量控制，使质量管理实现定量化，变产品质量的事后检验为生产过程中的质量控制。全面质量管理类似于日本式的全面质量控制（TQC）。首先，质量的含义是全面的，不仅包括产品服务质量，而且包括工作质量，用工作质量保证产品或服务质量；其次，TQC 是全过程的质量管理，不仅要管理生产制造过程，而且要管理采购、设计直至储存、销售、售后服务的全过程。

全面质量管理是以质量管理为中心，以全员参与为基础，目的在于通过让顾客满意和本组织所有者、员工、供方、合作伙伴或社会等相关方受益而使组织达到长期成功的一种管理途径。

我们要形成一种这样的意识，好的质量是设计、制造出来的，不是检验出来的；质量管理的实施要求全员参与，并且要以数据为客观依据，要视顾客为上帝，以顾客需求为核心；在实现方法上，要一切按 PDCA 循环办事。

全面质量管理为什么能够在全球获得广泛的应用与发展，与其自身所实现的功能是密不可分的。总的来说，TQM 可以为企业带来如下益处：缩短总运转周期；降低质量所需的成本；缩短库存周转时间；提高生产率；追求企业利益和成功；使顾客完全满意；最大限度获取利润；等等。

2. 全面管理的两大支柱

（1）第一支柱成本控制及时全面

浪费在传统企业内无处不在：生产过剩、零件不必要的移动、操作工多余的动作、待工、质量不合格或返工、库存等等，消除生产流程中一切不能增加价值的活动，即杜绝浪费。及时全面化在全面质量管理中之所以能够发挥更大的作用，核心还在于充分协作的团队工作方式，此外企业外部的密切合作环境也是一个必要且独特的条件。在精益企业里，库存被认为是最大的浪费，必须消灭。减少库存的有力措施是变“批量生产、排队供应”为单件生产流程。在单件生产流程中，基本上只有一个生产件在各道工序之间流动，整个生产过程随单件生产流程的进行而永远保持流动。理想的情况是，在相邻工序之间没有在制品库存。

（2）第二支柱持续改进自动化

持续改善是另一种全新的企业文化，实行全面质量管理，由传统企业向精益企业的转变并且享受精益生产带来的好处，贯穿其中的支柱就是管理自动化。持续改善是另一种全新的企业文化，而不是最新的管理时尚。实行全面质量管理，由传统企业向精益企业的转变不能一蹴而就，需要付出一定的代价，并且有时候还可能出现意想不到的问题，使得那些热衷于传统生产方式而对精益生产持怀疑态度的人，能举出这样或那样的理由来反驳。但是，那些坚定不移走精益之路的企业，大多数在 6 个月内，有的甚至还不到 3 个月，就可以收回全部改造成本，并且享受精益生产带来的好处，而贯穿其中的支柱就是自动化管理。所有注重全面质量管理的企业要获得成功就要用好持续改善这个支柱。

3. 全面质量管理的观点

全面质量成本管理提供一种货币度量的工具，把质量的成本和收益用全公司都能理解的沟通语言进行表达，并建立起系统性的管理方法持续地对质量所发生的成本进行测量、分析并持续改进。

在企业内部，凡接收上道工序的产品进行再生产的下道工序，就是上道工序的用户，“为用户服务”和“下道工序就是用户”是全面质量管理的一个基本观点。通过每道工序的质量控制，达到提高最终产品质量的目的。

（二）全面质量管理问题探讨

全面质量管理这个名称，最先是20世纪60年代初由美国的著名专家费根堡姆提出。它是在传统的质量管理基础上，随着科学技术的发展和经营管理上的需要发展起来的现代化质量管理，现已成为一门系统性很强的科学。

TQM（当时称为TQC—Total Quality Control，即全面质量控制）是正日益受到各国领导人和广大企业家重视的一门科学管理体系。

1. 全面质量管理的特点

在“质量控制”（Quality Control）这一短语中，“质量”一词并不具有绝对意义上的“最好”的一般含义。质量是指“最适合于一定顾客的要求”。

全面质量管理是提供优质产品所永远需要的优良的产品设计、加工方法以及认真的产品维修服务等活动的一种重要手段。质量管理的基本原理适用于任何制造过程，由于企业行业、规模的不同，在方法的使用上略有不同，但基本原理仍然是相同的。方法上的差别可概括为：在大量生产中，质量管理的重点在产品，在单件小批生产中，重点在控制工序。质量管理贯穿在工业生产过程的所有阶段。首先是向用户发送产品，并且进行安装和现场维修服务。要有效地控制影响产品质量的因素，就必须在生产或服务过程的所有主要阶段加以控制。

建立质量体系是开展质量管理工作的一种最有效的方法与手段；质量成本是衡量和优化全面质量管理活动的一种手段。

在组织方面，全面质量管理是上层管理部门的工具，用来委派产品质量方面的职权和职责，以达到既可免除上层管理部门的琐事，又可保留上层管理部门确保质量成果的令人满意的手段和目的。

2. 质量控制的四个阶段

质量控制一般分为四个阶段：

第一个阶段称为计划阶段，又叫 P 阶段（Plan）。

这个阶段的主要内容是通过市场调查、用户访问、国家计划指示等，摸清用户对产品质量的要求，确定质量政策、质量目标和质量计划等。

第二个阶段为执行阶段，又称 D 阶段（Do）。这个阶段是实施 P 阶段所规定的内容，如根据质量标准进行产品设计、试制、试验、其中包括计划执行前的人员培训。

第三个阶段为检查阶段，又称 C 阶段（Check）。这个阶段主要是在计划执行过程中或执行之后，检查执行情况，是否符合计划的预期结果。

第四阶段为处理阶段，又称 A 阶段（Action）。主要是根据检查结果，采取相应的措施。

四个阶段循环往复，没有终点，只有起点。即 PDCA 循环，亦称戴明循环，是一种科学的工作程序。通过 PDCA 循环提高产品、服务或工作质量。

3. 全面质量管理的系统思考

全面质量管理（Total Quality Management，TQM）是一种组织管理哲学，它强调通过持续改进过程、产品和服务来满足顾客的期望和需求。系统思考是 TQM 中的一个核心概念，它要求组织从整体上考虑问题，而不是孤立地看待各个部分。

系统思考强调以下几个方面：

（1）相互关联性

认识到组织内部各个部门和流程之间的相互依赖和影响，确保改进措施能够在整个组织中产生协同效应。

（2）长期视角

超越短期目标，考虑长期的战略规划和持续发展，以实现组织的长期成功和竞争力。

（3）预防而非应急

通过主动识别潜在问题和风险，采取预防措施，而不是仅仅在问题发生后才采取行动。

（4）顾客导向

始终将顾客的需求和满意度放在首位，确保所有决策和改进措施都以顾客为中心。

（5）全员参与

鼓励所有员工参与质量管理过程，利用他们的知识和创意来推动组织改进。

（6）数据驱动

基于数据和事实进行决策，使用统计工具和方法来分析问题和评估改进效果。

4. 全面质量管理与 ISO9000 的对比

所谓全面质量管理就是通过全体员工的参与，改进流程、产品、服务和公司文化，以达到生产百分之百合格的产品，实现客户满意，从而获取竞争优势和长期成功。作为一种管理思想，全面质量管理并没有一套统一的工作模式，因各国、各企业情况不同，贯彻 TQM 的方法和效果各不相同。就中国企业而言，主要是通过 ISO9000 的达标活动来实现质量的提高。

二、全面质量管理在档案管理中的应用

（一）档案全面质量管理的特点

1. 全体人员参加

档案全面质量管理要求档案形成过程中的所有人员，如各处（室）所的领导、文件起草人员、定稿人员、档案员等人员的密切配合，严格按照有关标准和要求共同完成公文处理和文件的归档及档案管理工作。树立“档案质量，人人有责”的观念。只有这样，才能保证档案的完整性、统一性，也才能保证电子文档的及时传输和电子文档的及时归档。

2. 全过程控制

从公文的起草、审核、印制、传递、执行到档案的收集、整理、归档、编研、开发利用的整个过程都实行质量管理。

3. 科学的手段

采用数理统计方法、现代科学技术和现代管理科学来解决档案的质量问题，不断提高档案质量和档案工作管理水平。

（二）解决和改进档案质量问题的步骤

档案管理现状不容乐观。有的单位领导对档案工作不够重视，觉得档案工作不能给单位带来效益，只是花钱不挣钱；档案管理人员没有经过系统的专业知识的培训；档案管理的必备硬件如档案室、档案柜、微机、档案管理软件等都配备不齐全；室藏档案数量不完整；平时不注意文件、资料的收集、整理；档案制度不完善；有的单位甚至没有自己的档案分类大纲、档案保管期限表。

（三）档案质量管理的要求

1. 必须牢固树立档案质量意识

档案质量的提高，与工作人员的质量意识有着密切关系。其中，领导的档案质量意识最为关键，领导同志必须提高认识，转变观念，认清档案管理的重要性，认清档案数字化是大势所趋，要高度重视本单位档案网络信息化、数字化建设，因此要求从事档案工作的人员，特别是各级领导，要牢固树立档案质量意识，用较高的工作质量来促进档案质量。

2. 要不断提高档案人员素质，加强管理

档案管理工作要不断完善规章制度，建立内部人员的制约机制。良好的政治思想素质和业务素质是搞好各项工作的基础。从事档案工作的人员要有良好的政治思想素质。具体来说，就是要有强烈的事业心和高度的责任感，要有良好的服务意识，要有默默无闻、无私奉献的档案人精神。档案工作又是一项业务性比较强的工作，档案人员业务素质的高低，对档案质量起着至关重要的作用。档案工作人员要从搞好档案工作、提高档案质量的角度来加强自身的业务学习。领导要给从事专兼职档案工作的人员创造业务学习和培训的机会，使他们的业务知识能更好地适应新时期档案工作的要求。

3. 要把全面实现档案的价值作为检验档案工作质量的唯一标准

每个从事档案工作的人员，要通过加强档案的质量管理，更好地为生产、建设、教育、科研服务，促进各项工作的质量和效率的提高，从而实现档案的真正价值。

4. 要牢固树立“下道工序是用户”的思想

档案是由多部门、多人共同完成的，不同部门、不同工作人员之间能否密切配合，上道“工序”能否给下道“工序”提供高质量的“半成品”，就成为提高档案质量的关键。如果每个上道“工序”都能把下道“工序”看作是自己的“用户”，为下道“工序”提供质量保证，那么，档案的质量就有了可靠的保证。

5. 要以预防为主，防检结合，重在提高

优良的档案质量是“生产”出来的。根据这一基本道理，档案全面质量管理要求把档案管理的重点，从“事后把关”转移到“事先预防”上来。从管结果转变为管因素，做到防患于未然。

(四) 全面质量管理在档案管理中的含义

1. 质量是组织发展的核心，是企业生存发展的根本

随着近年来质量事故的频发，如何对事故的原因进行界定，如何认定事故责任者，档案提供了至关重要的信息。如果没有这些信息，质量事故的原因及责任追究将无从谈起，因此档案的管理至关重要。现代意义的质量管理活动是从20世纪初开始的，根据解决质量问题的手段和方式的不同，质量管理活动走过了三个阶段，分别是质量检验阶段、统计质量控制阶段、全面质量管理阶段，直到20世纪60年代才迎来了全面质量管理时代。全面质量管理是一种强调全员、全过程、采用科学的管理手段的一种先进的管理模式。档案的全面质量管理也就是利用科学的手段建立以过程为基础、以利用者为重点的档案质量管理系统，也就

是对文件从形成、积累、整理、归档到档案利用等一系列过程的质量控制，使档案在整个生命周期都处于受控状态，进而提高其社会效益和经济效益。

2. 建立档案全面质量管理体系的必要性

首先，建立档案全面质量管理体系是企业发展的要求。企业档案质量管理是企业管理建设的重要内容。及时了解企业档案材料的价值状态、保管状态及自然状态不仅对搞好企业档案管理具有积极作用，而且对加强企业综合实力、促进企业建设会产生积极的影响。企业为了保证工作效率和质量，也应建立档案全面质量管理体系，及时识别不断变化的需求，增强企业竞争力。企业必须建立符合企业档案工作自身发展的，能够使利用者满意的档案方针和目标，这个方针及目标也是企业档案全面质量管理的纲领。因此，档案全面质量管理体系首先要了解利用者的真正需求，才能做出合理决策，而全面质量管理体系就是以顾客为中心，将利用者满意度作为衡量质量高低的标准，因此建立档案全面质量管理体系为企业档案工作制定和改进方针目标提供了依据。其次，全面质量管理体系是一种强调全员参与的质量管理，要求全体员工都要参与，树立“档案质量，人人有责”的观念。统一档案各项工作的规范要求，提高档案工作者遵守规则的意识，建立专人专责的档案工作机制，使每一位档案工作者都树立档案质量管理意识。另外，基于全面质量管理的档案管理体系强调提高档案全过程的管理水平。再次，全面质量管理体系注重采用科学手段进行质量管理。现在档案工作受到了越来越多的重视，科学的管理手段对档案工作者的业务能力及创新能力提出了要求，促使档案工作者加强业务能力及创新能力的培养和提高，不断加强档案工作者对新经验、新方法的思考，激发他们的潜能，不断提高业务能力。

3. 档案全面质量管理体系的建立

(1) 建立档案全面质量管理理念

档案质量的提高，与工作人员的质量意识有着密切关系。领导者的档案质量意识尤为重要。企业领导者应该提高认识，转变观念，认识到档案管理的重要性，高度重视档案质量建设和管理，带动全体档案工作者牢固树立档案质量意识，用较高的工作质量促进档案质量的提高。

（2）建立档案全面质量管理目标

档案质量目标是以“集中统一管理档案，维护档案的完整、准确、系统、安全，实现档案的有效利用”这一档案管理目标为基本依据的。为利用者提供有效卓越的档案信息服务，了解档案利用者的需求，满足并超越利用者的期望是档案部门发展的最终目的，也是档案全面质量管理的出发点和最终目的。

（3）以全员参与作为档案全面质量管理的基础

ISO一般认为“各级人员是组织之本，只有他们的充分参与，才能使他们的才干为组织带来最大的收益”。档案工作是一项群体性的工作，档案质量的影响因素涉及文件从形成、积累直到归档等各环节的工作人员，提高档案质量就要增强全体员工的档案质量意识，调动所有成员在档案工作中的参与度与质量意识，使全体人员参与到档案质量的管理中来，从源头保证档案的质量。

（4）把过程管理作为档案全面质量管理的根本

档案的质量有一个从产生、形成到实现的过程，这个过程会经过若干环节，每道环节的质量组成是档案综合质量及服务质量的关键。建立档案全面质量管理体系要采用过程管理方法，分析每个过程中影响档案质量的关键因素，对关键环节进行标准化、规范化管理，牢固树立“上道工序为下道工序提供高质量的半成品”的思想，及时解决每个质量问题，从而保证整体工作质量。

（5）运用现代化作为档案全面质量管理的手段

全面质量管理理论要求将数理统计作为质量管理的手段和基础。凡有条件的，任何时候、任何工作都可采用此理论，即“一切用数据说话”。档案从形成、接收、整理、归档到提供利用也要有量的概念及分析。如通过对档案利用率及入库率每年增减情况的分析可以了解档案的变化，从而分析企业发展的变化趋势。

借助计算机这一高科技手段也可以提高档案全面质量管理。应用计算机档案管理系统具有方便、快捷、占用空间小、存储信息量大等优势，能及时、大量地提供档案信息。同时电子文件作为一种新型的信息载体，将逐渐替代传统纸质档案，给档案工作注入生机和活力。因此，提高档案信息化水平、发展档案电子化工作也成为档案全面质量管理的重点课题。

4. 全面质量管理理论是组织实现长期成功的管理哲学

全面质量管理理论源于20世纪60年代的“全面质量控制”，其核心思想是提高人的素质，调动人的积极性，通过改进组织中每项工作的质量，达到提高产品和服务质量的目的。

国际标准化组织（ISO）对“全面质量管理”的定义是一个组织以质量为中心，以全员参与为基础，通过让顾客满意和使本组织所有成员及社会受益而达到长期成功的管理途径。显而易见，全面质量管理所关注的终极目标是组织自身的长期成功。该目标借以“质量”为载体，通过使顾客以及本组织成员和社会受益的途径而达成。所谓“质量”，则是经过抽象、提炼得出的“满足特定需求的一组特性或能力”，不仅适用于产品、服务过程，而且也适用于组织内部的各项活动。因此，全面质量管理已经超越了各种具体管理方法，成为一种管理哲学，适用于各行各业。经过近半个世纪的发展，全面质量管理逐渐形成了一系列核心理念，即所谓“八项原则”，并成为ISO901质量管理体系的理论基础。

5. 档案工作的本质是提供信息服务的知识管理活动

档案是人们在社会实践活动中的历史记录，具有积累、存储和传播知识的功能，是人们获取知识的重要途径。档案具有唯一性、历史性和凭证性，是经营决策、科研生产、维护权益的重要依据，对组织的发展和长期成功举足轻重。因此，档案工作的目标应立足于对信息资源的管理与利用。同时，档案工作环节多，周期长，涉及面广，应用需求多样，信息利用的效益通常难以在短期内显现，这些决定了它的专业性、复杂性及其功能的隐含性。

6. 在档案工作中理解和融入质量管理八项原则

档案产品及服务的质量能够体现出档案部门在提供档案信息服务时满足利用者和社会需求的能力。因此，档案工作的质量包括档案载体及其承载信息的质量以及服务过程的质量。档案工作的全面质量管理，就是以保证档案服务质量为目标，把全面质量管理的哲学观和方法论运用于档案工作的各个环节，把专业技术、日常管理、提供利用有机结合，形成彼此协调的系统性管理行为模式，即管理体系。

其核心是全员参与提高客户满意度，特征是全过程、全方位和规范化。为使上述体系化管理方法切实发挥作用，在体系建设中必须充分体现档案工作特点与全面质量管理八项原则的有机融合。

7. 对构建档案工作全面质量管理体系的建议

在档案工作的发展过程中，档案工作者积累的管理经验及工作制度对档案工作提供了基本的指导。随着对档案工作认知的不断加深，原有的管理模式已表现出了目标识别不充分、覆盖范围不完整、管理方法不系统等不足。为了系统地改进档案工作质量，有必要在档案工作中引进全面质量管理方法，并借助质量管理体系建设的时机，对档案工作实现顶层再规划：一方面重新定义组织宗旨，在体系目标统领下再次识别系统的各个局部（过程）及其关系；另一方面去粗存精，充分继承和发扬原有优秀的管理方法，并把分散的目标和局部的程序逐步归集梳理、有机整合，以形成完整的工作思路和长效的文件依据，为档案部门奠定可持续发展的基础。

第三节　目标管理在档案工作中的应用

一、目标管理概述

目标管理是由企业最高层领导制定一定时期内整个企业期望达到的总目标，然后由各部门和全体职工根据总目标的要求，制定各自的分目标，并积极主动地设法实现这些目标的管理方法。

经典管理理论对目标管理 MBO 的定义为：目标管理是以目标为导向，以人为中心，以成果为标准，而使组织和个人取得最佳业绩的现代管理方法。目标管理亦称“成果管理”，俗称责任制，是指在企业个体职工的积极参与下，自上而下地确定工作目标，并在工作中实行“自我控制”，自下而上地保证目标实现的一种管理办法。

所以“企业的使命和任务，必须转化为目标”，如果一个领域没有目标，这个领域的工作必然被忽视。因此管理者应该通过目标对下级进行管理，当组织最高层管理者确定了组织目标后，必须对其进行有效分解，转变成各个部门以及各个人的分目标，管理者根据分目标的完成情况对下级进行考核、评价和奖惩。

（一）指导思想

目标管理的指导思想是以管理心理学中的“Y 理论”为基础的，即认为在目标明确的条件下，人们能够对自己负责。其理论依据是心理学与组织行为学中的目标论。即任何一个组织系统层层地制定目标并强调目标成果的评定，都可以改进组织的工作效率和职工的满意程度。

（二）目的

目标管理的目的是通过目标的激励来调动广大员工的积极性，从而保证实现总目标。其核心就是明确和重视成果的评定，提倡个人能力的自我提高，其特征就是以目标作为各项管理活动的指南，并以实现目标的成果来评定其贡献大小。

（三）中心思想

目标管理的中心思想是具体化展开的组织目标成为组织每个成员、每个层次、部门等的行为方向和激励手段，同时以使其成为评价组织每个成员、每个层次、部门等的工作绩效的标准，从而使组织能够有效运行。

（四）基本内容

目标管理的基本内容是动员全体员工参加制定目标并保证目标实现，即由组织中的上级与下级一起商定组织的共同目标，并把其具体化展开至组织各个部门，各个层次、各个成员。与组织内每个单位、部门、层次和成员的责任和成果相互密切联系，在目标执行过程中要根据目标决定上下级责任范围，上级权限下放，下级实现自我管理。在成果评定过程中，严格以这些目标作为评价和奖励标准，实行自我评定和上级评定相结合。以此最终组织形成一个全方位的、全过程的、多层次的目标管理体系，提高上级领导能力，激发下级积极性，保证目标实现。

综上所述，目标管理在组织内部建立了一个相互联系的目标体系，而这种体系把员工有机的组织起来，使集体力量得以发挥，同时目标管理的实行就意味着组织管理民主化、员工管理自我控制化、成果管理目标化。于是目标管理事实上是一种总体的、民主的、自觉的和成果的管理。这也正是目标管理的魅力所在。

（五）激励功能

人总是渴求满足一定的需要和达到一定的目标，此目标又对激发人的动机有影响。这个激发力量的大小，取决于目标价值（效价）和期望概率（期望值）。期望理论揭示了这一规律：个人对目标的理解和重视程度直接影响到他的实现目标的动机和行为。可以说个人的这种理解和重视程度要比管理者设计者的理解和重视程度重要得多。因为目标是靠每个成员去达到的，从目标管理的特点来看，由于目标是个人自己亲自制定的，对其有充分的理解，个人主观上认为达到目标的概率很高，同时足够重视，这样个人总是希望通过一定的努力达到预期的目标，就会很有信心，并激发出很强的工作力量，产生强大的内在动力。

责任感意识的激励功能。目标管理之所以能发挥作用，还在于它大大增强了下属的责任感，而责任感又是一个巨大的激励因素. 关于这一点，目前许多教科书都没有提到，许多管理者也未认识到。下属许多行为的动力来自于被强烈的责任感所驱使。要充分发挥下属实现目标过程中的积极性、主动性、创造性，增强其责任感是一条重要的途径。人是有责任感的，只要环境适当，人不仅会承担责任而且还会追求责任。增强下属责任感的手段很多，研究结果表明，最有效的手段是在实现目标过程中实行。实行“自我控制”式管理有利于下属责任感增强，进而促使下属积极性、主动性，创造性的充分发挥。所以，增强责任感是自我控制的一种延伸结果。现实管理实践中的目标管理，由于它并未采用自我控制”式的管理。因此，它不具有责任感的激励作用，只能依赖强制性管理手段来实现目标，下属的积极性、主动性、创造性仍处于压抑状态。

目标本身的激励引导功能。目标指期望的成果，这些成果可能是个人的、部门的或整个组织努力的结果。目标为所有的管理决策指明了方向，并且作为标准可用来衡量实际的绩效。其直接的作用主要体现在对管理过程的控制环节。但是，作为活动的预期目的和结果，目标对管理的重要作用又不局限于此，它可以对人产生巨大的激励作用，这种作用将贯穿于整个管理环节，使得管理活动获得最佳效益。目标的激励作用主要表现在三个方面：一是在目标确定后，由于它能使人明确方向看到前景，因而能起到鼓舞人心、振奋精神和激发斗志的作用；二是在目标执行过程中，由于目标的制定都具有一定的先进性和挑战性，在实际工作中必须通过一定的努力才能达到，因而有利于激发人们的积极性和创造；三是在目标实现以后，由于人们的愿望和追求得到了实现，同时也看到了自己的预期结果和工作成绩，因而在心理上会产生一种满足感和自豪感，这样就会激励人们以更大的热情和信心去承担新的任务以达到新的目标。

（六）相关应用

目标管理最为广泛的是应用在企业管理领域。企业目标可分为战略性目标、策略性目标以及方案、任务等。一般来说，经营战略目标和高级策略目标由高级管理者制定；中级目标由中层管理者制定；初级目标由基层管理者制定；方案和任务由职工制定，并同每一个成员的应有成果相联系。自上而下的目标分解和自下而上的目标期望相结合，使经营计划的贯彻执行建立在职工的主动性、积极性的基础上，把企业职工吸引到企业经营活动中来。

目标管理方法提出来后，美国通用电气公司最先采用，并取得了明显效果。其后，在美国、西欧、日本等许多国家和地区得到迅速推广，被公认为是一种加强计划管理的先进科学管理方法。中国 80 年代初开始在企业中推广，采取的干部任期目标制、企业层层承包等，都是目标管理方法的具体运用。

（七）具体特点

目标管理的具体形式各种各样，但其基本内容是一样的。所谓目标管理乃是一种程序或过程，它使组织中的上级和下级一起协商，根据组织的使命确定一定时期内组织的总目标，由此决定上、下级的责任和分目标，并把这些目标作为组织经营、评估和奖励每个单位和个人贡献的标准。

（八）操作方法

目标管理的具体做法分三个阶段：第一阶段为目标的设置；第二阶段为实现目标过程的管理；第三阶段为测定与评价所取得的成果。

1. 目标的设置

这是目标管理最重要的阶段，第一阶段可以细分为四个步骤：

①高层管理预定目标，这是一个暂时的、可以改变的目标预案。即可以上级提出，再同下级讨论；也可以由下级提出，上级批准。无论哪种方式，必须共同商量决定；其次，领导必须根据企业的使命和长远战略，估计客观环境带来的机会和挑战，对该企业的优劣有清醒的认识。对组织应该和能够完成的目标心中有数。②重新审议组织结构和职责分工。目标管理要求每一个分目标都有确定的责任主体。因此预定目标之后，需要重新审查现有组织结构，根据新的目标分解要求进行调整，明确目标责任者和协调关系。③确立下级的目标。首先下级明确组织的规划和目标，然后商定下级的分目标。在讨论中上级要尊重下级，平等待人，耐心倾听下级意见，帮助下级发展一致性和支持性目标。分目标要具体量化，便于考核；分清轻重缓急，以免顾此失彼；既要有挑战性，又要有实现可能。每个员工和部门的分目标要和其他的分目标协调一致，支持本单位和组织目标的实现。④上级和下级就实现各项目标所需的条件以及实现目标后的奖惩事宜达成协议。分目标制定后，要授予下级相应的资源配置的权力，实现权责利的统一。由下级写成书面协议，编制目标记录卡片，整个组织汇总所有资料后，绘制出目标图。

2. 实现目标过程的管理

目标管理重视结果，强调自主，自治和自觉。并不等于领导可以放手不管，相反由于形成了目标体系，一环失误，就会牵动全局。因此领导在目标实施过程中的管理是不可缺少的。首先进行定期检查，利用双方经常接触的机会和信息反馈渠道自然地进行；其次要向下级通报进度，便于互相协调；再次要帮助下级解决工作中出现的困难问题，当出现意外、不可测事件严重影响组织目标实现时，也可以通过一定的手续，修改原定的目标。

3. 总结和评估

达到预定的期限后，下级首先进行自我评估，提交书面报告；然后上下级一起考核目标完成情况，决定奖惩；同时讨论下一阶段目标，开始新循环。如果目标没有完成，应分析原因总结教训，切忌相互指责，以保持相互信任的气氛。

二、目标管理在档案管理中的应用

目标管理不仅综合了科学管理和行为管理理论的精髓，更提倡后现代人文管理理念，为我国人本管理方面带来显著的指导与帮助，可以说是当今最有影响力的管理方法之一。档案工作实行目标管理的主要目的在于进行科学规划，明确责任分工，清晰权利分配，培育有自主性、创造性的员工，从而为档案管理工作目标的实现奠定坚实的基础。目标管理不是一种单纯的管理方法，而是一套有架构、步骤、要素及条件的成熟的管理系统，并能在条件投入具备的情况下发挥卓越成效。

（一）目标管理的理念界定：四种观点的评价与新观点的提出

1. 四种观点及其评价

传统的目标管理有 4 种观念，即：过程观、参与观、方法观和实践观。四种观点展示了目标管理在实践过程中的发展与演进，揭示了国内外学者在不同视角下对目标管理理念认识的不断提升过程。在不同理念指导下的企业管理者，其管理活动的重点和偏好是有所不同的，如：(1) 持有过程观的管理者重视目标管理的每一个环节及其细节工作，把每一个阶段性的活动看成是一个完整的过程。(2) 持有参与观的管理者，会更多地站在人性的角度去思考和解决问题，更为注重通过交流、分享、培训、互动、授权等活动来增强成员对决策过程的投入程度。(3) 在方法观指导下的管理者讲究方法论，注重管理的理论性和科学性，同时也会凭着以往的经验来判断管理问题，通过流程改造和资源重组等调配控制手段，优化企业内部运作，从而达成绩效目标。(4) 持有实践观的管理者则强调经验与实践的良性结合，有步骤、有规划地实施目标管理。

2. 新观点——系统观的提出

过程观与实践观更具有现实意义，主要原因有两点：产品质量不能光靠事后检验，更需要依靠生产过程中的严密监控与管理；管理实践有助于深化管理者对工作的认识，并能提高企业管理水平与应变能力，从而加强企业作战的灵活性。需要指出的是，上述四种观点虽然谈及目标管理的哲学思想与各项职能，却忽略了目标管理必须拥有的资源要素（resources），其中最为核心的是人力资源，故上述四种观点似乎忽视了目标管理的系统性思想。事实上，系统观早已蕴藏在德鲁克关于目标管理的最早界定中，可以说，目标管理就是一套以目标为中心、以资源为基础，有理论、重实践的管理系统。

（二）档案管理实施的注意事项及要点

1. 实施前需要考虑的事项

从上述目标管理实施过程中可能出现的问题中能看出，目标管理是有适用范围和适用条件的，管理者除了需要掌握目标管理的操作方法之外，更需要考虑被管理对象的工作性质，分析他们的工作是否存在被分解和量化的可能性。此外，要考虑管理对象的综合素质，包括专业素质和心理素质两方面。最后，管理者还要努力健全组织的各项规章制度和考核机制，使目标管理能在优越的环境下得以推行。档案工作目标管理实施前需完成以下两项重要工作：

一是做好环境分析与资源评估。包括对内、外部环境的分析与各项资源要素的评估工作，尤其是对那些关键要素，如组织文化、人力资源素质以及员工对组织的承诺度（commitment）等的评估。

二是创新目标管理机制。理念是创新的出发点，企业要进行创新，首先是要更新组织人员的陈旧观念，通过培训、重组组织架构或授权等手段塑造人本企业文化。其次，把人力资源管理作为创新机制的切入口，通过不断完善人力资源管理机制来改善企业管理与人员的滞后问题，努力提升人员素质与参与意识，并注重保持信息沟通渠道的畅通。

2. 实施阶段的要点

(1) 遵循目标设置原则

①在制定目标时，管理者需要遵循的五个原则

A. 目标要有主次之分

组织的战略目标是大目标，是被分解对象，而部门目标和员工个人目标是大目标层层分解、量化、落实的结果。大目标、部门目标、员工个人目标构成了一个有主次、有导向的目标体系。

B. 目标必须具体清晰，能量化的要量化

量化的目标值为衡量绩效、考核与反馈提供了便利。需要强调的是，企业管理者在设置量化目标时也要设置定性目标。只有坚持定量目标与定性目标相结合原则，才能全面衡量工作绩效。

C. 目标要有现实性和挑战性

目标设置过高容易挫败员工的自信心，打击他们的积极性，而目标设置过低则不能激励员工上进，也不利于组织绩效的持续提升。

D. 目标要与时俱进，符合国家和社会的发展需求

管理者可以把国家和社会共同关注的热点问题作为服务目标的基本准绳，从而更好地为外界提供服务，满足需求。

E. 目标要有动态性

随着社会环境日新月异，企业受到的干扰会越来越大，如产品的频繁变化更新，技术的竞争等，原本的目标可能会逐渐不适应外部环境的变化，这就要求企业管理者及时修正目标，使目标更适应环境变化。

②要实现目标设置中的三个诉求

第一，管理者要赋予员工话语权和决策权。员工能与管理者进行目标协商，能就不合理的地方提出建议，能拥有参与决定目标的权利。

第二，管理者要与员工分享信息。信息渠道顺畅和及时分享能提高决策的有效性。

第三，管理者与员工需具备良好的专业知识和沟通技能，能在良好的沟通氛围下制定正确可行的目标。

（2）强化行为监管机制

一是建立监管机制，目的在于主动掌握员工的工作动态，控制目标执行过程中的各个变量，并及时指导和帮助员工。管理者可以通过信息平台、会议、书面报告等方法来定期检查目标完成的进展情况，深入了解下属员工在执行目标过程中遇到的问题或障碍，及时提供帮助，纠正存在的偏差行为。

二是坚持与员工进行目标沟通，提供他们在进行自我管理时所需信息。管理者可以通过正式或非正式的沟通方式了解下属，激励下属，传达信息。

（3）加强目标考核工作

组织既可以通过考核实现生产经营目的，也可以通过考核发现问题、解决问题，考核对于组织来说是保证目标达成的一种必要管理手段。目标考核与德能勤绩考核有着明显的区别：目标考核更趋向于成果或业绩的测评，在指标采纳上以客观的量化指标为主，考评信度较高；德能勤绩考核虽然覆盖了对行为和业绩两方面的测评，但存在信度较低、考核内容缺乏针对性、与战略目标脱节等问题。

在目标考评工作中，管理者要注意两个问题：一是管理者要根据员工的工作内容、要求以及目标任务来确定考核指标，在考核指标中应注重定量与定性指标相结合，坚持以量化指标为主、定性指标为辅的考评原则；二是管理者要遵循目标考评的基本流程，包括个人目标制定、定量与定性的综合评价、加权统计评分、考评结果反馈、考评结果运用等主要环节。

（4）明确权、责、利的分配

构建利益机制首先要明确它们所占的比重，如组织成员的能力和需求在利益总体中所占的比例，它们是组织在运营过程中所产生的工作任务、风险和利润。管理者要把三者有机地结合起来，才能真正改善责任分工及权益分配等问题。“责”是指在合理分工基础上确定的职位与承担的工作任务，可以通过编写具体的岗位职责说明书来落实；“权”是指权力或职权，权力越大，责任就越大；“利”是指利益和利润（效益），即个体员工的利益以及企业的整体利润或效益。利益分配通常体现在考核方面，即通过考核结果来兑现员工工资奖金待遇，从而激发他们的积极性和能动力，为组织收益做出更多贡献。

（5）做好反馈工作和运用考核结果

反馈是进步的前提。管理者应认真总结、分析考核结果，及时进行反馈，使得被反馈者可以根据实际情况迅速调整未来动向。管理者还要充分运用考核结果，常见的做法是把考核结果与奖励挂钩。除此之外，管理者还可以把考评结果运用到人力资源规划、培训需求分析、职业生涯规划和工作分析等领域，使得员工在考核中进步，同时也使得整个人力资源管理系统更具科学性、更完善。

目标管理是经久不衰的经典企业管理思想，在任何时代背景下都有着独特的指导意义和适用性，其自治和参与式的管理理念更是超越了“同化个体”“压制个体”的传统管理思想，充分展现了后现代主义思潮中的人本管理理念。企业管理者对目标管理的理性认识和正确理解是有效实施目标管理的前提。对于尚未具备实施目标管理条件的组织来说，应从实际出发，以努力改善内部条件为首要工作目标，为日后目标管理体系的构建提供良好的基础。

参考文献

[1] 王玉玲. 新时期档案管理与开发利用研究[M]. 长春：吉林出版集团股份有限公司，2022.

[2] 王晓琴，芦静，任丽丽. 档案管理基础理论与实践研究[M]. 长春：吉林科学技术出版社，2022.

[3] 张丽. 图书信息存储与档案管理信息化[M]. 长春：吉林出版集团股份有限公司，2022.

[4] 李平，张旭芳，陈家欣. 数字化档案管理与图书馆资源建设[M]. 长春：吉林人民出版社，2022.

[5] 王庆汉. 信息化视角下的高校档案管理建设与创新[M]. 哈尔滨：北方文艺出版社，2022.

[6] 毕然，严梓侃，谭小勤. 信息化时代企业档案管理创新性研究[M]. 北京：新华出版社，2022.

[7] 彭德婧，王艾，阴志芳. 信息化背景下图书和档案管理创新研究[M]. 长春：吉林出版集团股份有限公司，2022.

[8] 马爱芝，李容，施林林. 信息时代档案管理工作理论及发展探究[M]. 长春：吉林大学出版社，2022.

[9] 卢捷婷，岑桃，邓丽欢. 互联网时代下档案管理与应用开发研究[M]. 北京：北京工业大学出版社，2022.

[10] 王瑞霞. 现代档案数字化管理研究[M]. 长春：吉林人民出版社，2022.

[11] 杨晓玲，张艳红，刘萍. 档案信息化管理与建设研究[M]. 长春：吉林人民出版社，2022.

[12] 林婷婷，冯秀莲，林苗苗. 档案信息资源与数字化管理开发研究[M]. 哈尔滨：哈尔滨工程大学出版社，2022.

[13] 宋晓芬，李思思，刘妍. 人力资源与档案管理[M]. 哈尔滨：北方文艺出

版社，2022.
［14］李飞翔，康馨心，王剑. 档案管理理论与研究［M］. 长春：吉林科学技术出版社，2022.
［15］周杰，李笃，张淼. 文书工作与档案管理［M］. 延吉：延边大学出版社，2021.
［16］李蕙名，王永莲，莫求. 档案保护学与科技档案管理工作［M］. 沈阳：辽宁大学出版社，2021.
［17］杨玲花. 现代档案管理工作与保存策略研究［M］. 北京：中国纺织出版社，2021.
［18］赵吉文，李斌，朱瑞萍. 数字图书馆建设与档案管理［M］. 汕头：汕头大学出版社，2021.
［19］周彩霞，曹慧莲. 档案管理信息化建设理论与实践探索［M］. 北京：北京工业大学出版社，2021.
［20］浦海涛. 大数据时代高校图书馆档案管理的理论与实务［M］. 西安：西北工业大学出版社，2021.
［21］周铭，侯明昌. 图书情报与档案管理学科基础教学案例集［M］. 昆明：云南科技出版社，2021.
［22］高莉. 图书馆管理与档案资源建设［M］. 长春：吉林人民出版社，2021.
［23］郭美芳，王泽蓓，孙川. 档案信息化建设与管理［M］. 长春：吉林人民出版社，2021.
［24］黄亚军，韩国峰，韩玉红. 现代档案信息化管理与建设研究［M］. 长春：吉林人民出版社，2021.
［25］田亚慧，龚海洁，郝彦革. 高校干部人事档案信息化管理研究［M］. 长春：吉林大学出版社，2021.
［26］徐世荣. 档案信息化建设与管理创新研究［M］. 长春：吉林文史出版社，2021.
［27］黄河，叶淑仪，傅爱娟. 档案管理与实务分析［M］. 北京：北京工业大学出版社，2021.

[28] 张鹏，宁柠，姜淑霞. 图书馆信息化建设理论与档案管理实践[M]. 长春：吉林人民出版社，2020.

[29] 张杰. 信息时代下档案管理工作创新研究[M]. 长春：吉林大学出版社，2020.

[30] 谭萍. 基于大数据环境下创新型档案管理与服务研究[M]. 长春：吉林人民出版社，2020.

[31] 张玉霄. 数字档案信息资源安全管理研究[M]. 长春：吉林大学出版社，2020.

[32] 李雪婷. 人事档案信息化建设与创新管理研究[M]. 长春：吉林文史出版社，2020.

[33] 吴娜，王媛. 会计档案管理实务[M]. 北京：当代中国出版社，2020.

[34] 陈苏东. 档案管理原理与务实[M]. 长春：吉林摄影出版社，2020.

[35] 亢云洁，康琤琤. 档案管理实务[M]. 北京：原子能出版社，2020.

[36] 卢丹. 档案管理与服务提升[M]. 长春：吉林美术出版社，2020.

[37] 申红，韩平，张萍. 档案管理与智能应用[M]. 长春：吉林人民出版社，2020.